暗号資産をやさしく教えてくれる本

マネックス証券
マネックス・ユニバーシティ
暗号資産アナリスト
松嶋 真倫

あさ出版

はじめに

「ビットコイン」や「暗号資産」という言葉を目にする機会が増えています。それは暗号資産が新しい金融資産として注目されているからです。

しかし、いざ暗号資産投資をやってみたいと思っても、何から始めていいのかわからず、結局始めることができていないという方は少なくありません。また、始めてはみたもののいまいちよくわからず戸惑っている方、運用するまでに至っていない方もいらっしゃいます。

この本を手にしてくださった皆さんも、何かしら思いあたることがあるのではないでしょうか。

暗号資産は、株式や投資信託のように銀行や証券会社の窓口で相談することはできません。インターネット上の解説記事やセミナーなどを活用しながら、ご自身で学習し、手続きを行う必要があります。

調べ始めると「ブロックチェーン」や「マイニング」「プルーフ・オブ・ワーク」など、次から次へと出てくる聞き慣れない言葉に戸惑い、抵抗を覚え、その結果、暗号資産投資を始めることができなかった、そういう方のお話をよく聞きます。

暗号資産は比較的新しい投資対象であり、さらにネット上で世界とやりとりするため、聞き慣れない言葉が多いのは確かです。しかし、基本的な仕組みを押さえること、そして、情報を体系的に整理して理解することで、戸惑いは消え、何をすればよいか、どう考えればよいかがわかるようになり、投資がスムーズに行えるようになります。

　この本は、暗号資産の成り立ちから、暗号資産投資に関して必要な基礎知識までを、できるだけわかりやすく解説した入門書です。
　これから暗号資産投資を始めようとしている方、始めてはみたもののいまいちよくわからず戸惑っている方などが、暗号資産について体系的に学び、実際に暗号資産投資を始め、運用するためのガイドとしてお使いいただきたいと考え、できる限り平易な言葉で、図やイラストを使って説明しています。
　まずは図を眺めるところからでもいいので、本文のページを開いてみてください。

　取引所で起きた大規模なハッキング事件などの報道から、「暗号資産は危ないもの」というイメージを持っている方もいらっしゃることでしょう。
　たしかに暗号資産の不正流出や暗号資産関連企業の倒産も実際起こっていますが、各国における暗号資産の規制やセキ

ュリティは日々強化され、対策が進んでいます。

　さらに新しい金融市場としての将来性が期待されています。
　かつては、個人投資家がほとんどでしたが、今では欧米を
中心に一般企業も暗号資産投資を行ったり、金融機関が暗号
資産関連事業に参入したりする動きも増えています。
　この本でも、暗号資産の将来性や、「分散型金融（DeFi）」
や「ノンファンジブルトークン（NFT）」「分散型自律組織
（DAO）」など、最近の動きについても解説しています。

　これらを学ぶ中で、なぜ暗号資産の中長期的な成長が期待
できるのか、読者の皆さんに少しでも伝われば幸いです。
　本書が皆さんの暗号資産投資を始めるきっかけになること
を願っています。

2023年11月

マネックス証券
マネックス・ユニバーシティ
暗号資産アナリスト

松嶋 真倫

※本書には解説の都合上、特定の暗号資産銘柄や暗号資産交換業者名などを
　記載していますが、あくまでも例として取り上げたもので、その暗号資産
　の売買や口座開設等を推奨するものではありません。

Chapter 0 ▶
知っておきたい「お金」のこと

Chapter 1 ▶
新しいお金としての暗号資産

Chapter 2 ►
暗号資産の運用の仕組みを学ぼう

Chapter 3 ▶
暗号資産にかかる税金について
知っておこう

Chapter 4 ▶
世の中の動きと連動して暗号資産の価格は変動する

Chapter 5 ▶
暗号資産投資のこれからを学ぼう

Chapter 0

知っておきたい「お金」のこと

「暗号資産」は、インターネット上の新しいお金として
注目されています。
暗号資産について理解するには、まず、お金の歴史、
仕組みについて知っておく必要があります。
従来のお金の仕組みを知ることで、新しいお金である
暗号資産の特徴が整理できます。

01 お金は時代に応じて「形」を変えてきた

◈ お金の歴史

　今でこそ、私たちは「お金（現金）」を当たり前のように使っていますが、誰もが同じ価値を認める「貨幣（紙幣や硬貨）」が登場したのは、近代になってからのことです。

　古代の人々は、「お金（現金）」を持っておらず、お互いに自分の持っている物と欲しい物を交換（物々交換）していました。ただ、この方法だと、ニーズが合致する人を探し出し、交換する物をわざわざ運ばなければなりません。やりとりが不便でした。そこで、人々はその不便を解決すべく、共通の価値で交換できる「お金」という概念が生まれました。

◈ お金の形は時代とともに変わっていく

　最初のうちは、貝や米、布などの物が「お金」の役割を果たしました（物品交換）。ところがこれだと、モノの価値（の認識）が人それぞれ違ってしまうことから、地域ごとに「貨幣」がつくられました（日本最古の貨幣は7世紀後半につくられたとされる「富本銭」です）。

　ちなみに、私たちが今使っている「円」は、明治政府によって定められました。造幣局がつくられ、今のお金（現金）を発行、管理する（「法定通貨」という）ようになったのです。

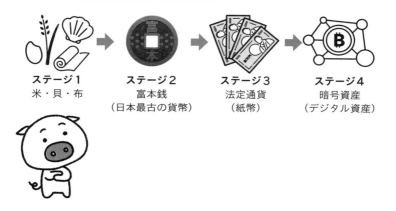

図 0-1 ● お金の形態が変遷する図

ステージ1
米・貝・布

ステージ2
富本銭
（日本最古の貨幣）

ステージ3
法定通貨
（紙幣）

ステージ4
暗号資産
（デジタル資産）

　さらに近年、現金を持たなくても取引ができるよう、お金がデジタル化されました。それが、「電子マネー」です。今では電子マネーのほかにもポイントやモバイル決済などキャッシュレスの手段が多様化しています。キャッシュレス時代の始まりともいえるでしょう。

　暗号資産もその流れの中で誕生しました。

　紙幣や硬貨などのリアルな「モノ」ではなく、インターネット上に存在する「データ」がお金になる時代がやってきたのです。

　このように、お金は誕生してからこれまで、時代や生活の変化とともに様々な形に変化してきました。これからも、それは続くでしょう。

　つまり、どのような「形・モノ」であっても、みんなが「価値」と「機能」を認めれば、「お金」になりうるということです。

　お金の機能については、次の項目でお話ししましょう。

02 お金に必要な３つの機能

◇ 世界中で「お金」が使えるのには理由がある

お金には、「価値の保存機能」「価値の交換機能」「価値の尺度機能」の３つの機能があると言われています。

お金はモノやサービスなど、形のあるなしにかかわらず、何かと交換する時に使われます。お金を何かとの交換に使う時には、交換物の価値が同等であることを示すモノの価値を決まった単位で測る機能、さらには、価値を安定的に保てるように価値を保存する機能が必要というわけです。

私たちが日々、必要なモノやサービスを手に入れたり、お金同士の交換をしたりすることができるのは、この３つの機能があるからなのです。

「暗号資産」にも、この３つの機能があります。

インターネット上ではありますが、モノの価値を暗号資産それぞれの単位で測り、お金と同様に交換（やりとり）することができます。

値動きが激しいため、価値の保存機能の面については「適しているとは言えない」という指摘もありますが、新興国の通貨のように不安定ながらも価値を保つことができていると言っていいでしょう。

図0-2 ● お金の3つの機能

1　価値の保存機能

お金の名目価値は変化しません。お金を銀行に預ける、金庫にしまうなどして、持ち続けていれば富を蓄えられます。

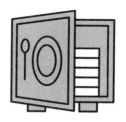

2　価値の交換機能（決済機能）

物々交換の経済では、お魚を持っている人がお肉を欲しいと思っても、お肉を持っている人がお魚を欲しくなければ交換は成立しません。しかし、お金とならお魚・お肉を交換（決済）できます。これにより「お魚とお肉を交換してもよい」と、両者の欲求が一致する必要はなくなります。お金は交換の媒介として機能を持っています。

3　価値の尺度機能

世の中で販売されている食べ物やサービスにはすべて値段が付いています。一般的に値段の高い商品やサービスほど、私たちが感じる値打ちも高くなります。たとえばお寿司1カン100円か、1カン1万円かでは、後者の価値が高く感じます。このように商品やサービスの値打ち、価値を決める物差しとしての働きがあります。

参考：一般社団法人　全国銀行協会HP

お金の発行と流通の仕組み

🔲 お金は国や地域の判断に従って発行・流通されている

　従来お金は、アメリカはドル、日本は円というように**国や地域ごとに「法定通貨」として、流通する単位、形等が定められ、「中央銀行」が経済状況に応じて発行量をコントロールしています**。

　中央銀行は、その国や地域の通貨価値の安定を図る金融政策を司るため、「通貨の番人」とも呼ばれます。ちなみに、日本の中央銀行は、「日本銀行」です。

　国が発行したお金は、中央銀行を通して、銀行等金融機関との取引で、市場、私たちの手元に届きます。

　また、「市場」におけるお金の流通量も、景気の動向に応じて国や地域がコントロールしています。

　新型コロナウイルスなどで世界的に景気が悪化した際には、各

図 0-3 ● **お金の発行から流通までの流れ**

中央銀行　　　　　　　民間銀行　　　　　　　市場
（日本銀行）　　　（銀行・信用金庫など）　　（私たち）

国が大規模な経済支援を通じて市場に流れるお金の量を増やし、国内の経済活動を促します。

反対に経済状態が改善に向かっている時には、市場のお金の量を減らすことで景気の過熱を抑えます。

このように、お金は国や地域の判断に従って発行・流通されているのです。

🔷 意外と知らないお金の流通の仕組み

私たちがお金のやりとりをする際は、銀行等金融機関が軸となります。日本銀行は、一般の企業・人との取引はできません。

① 国内流通

たいていの人が、銀行振り込みで給与・年金等を受け取り、一部を現金として保有する場合もありますが、そのほとんどを銀行口座など、金融機関で管理しています。

企業が商品やサービスを生産し、お客が消費するまでには、取引先等、様々なお金のやりとりが発生しますが、これらも基本的に銀行を介して行われます。

最近では、両替など、銀行を利用する際に手数料がかかることが増えてきました。

② 国際流通

国ごとで流通するお金が異なるため、他国、他の地域とやりとりが生じる際は、お金を支払う側と受け取る側で通貨を交換する必要があります。

このような国をまたいだお金の取引は各国の銀行が連携し、国

際的な金融ネットワークを構築することによって実現しています。

ただし、国や銀行ごとにシステムが異なるため、取引に手間や時間、取引手数料などがかかります。

暗号資産は、国がコントロールする法定通貨とは違い、景気の状況とは関係なしに一定のルールに従って発行されます。また総発行量もあらかじめ定められています。

「ブロックチェーン（Block Chain）」（別名「分散型台帳（技術）」）と呼ばれる世界共通のデータベース上で管理され、銀行などの仲介なしに個人で直接やりとりすることができます。

暗号資産のやりとりは、ネット上で、数字の記録で行われるため、異なる国同士のグローバルな取引であっても、送金時にかかる手数料や時間も銀行と比べて抑えることができます。皆でやりとりを監視し合う仕組みによって、個人が直接取引することができるため、国際間の移動にコストがほとんどかかりません。

しかし、暗号資産も通貨と同様に多くの種類が存在するため、たとえば、日本円と米ドルを交換する時のように、違う種類の暗号資産同士で交換する際は為替手数料がかかります。

暗号資産の特徴は、Chapter 1でお話しします。

04 独自のお金と経済圏が増えている

⬦ お金（法定通貨）以外のお金がある

　最近、法定通貨ではない、それぞれの地域、企業、管轄等のみで独自に使うことができるお金、いわゆる「独自のお金」が数多く発行されています。

　電子マネー、特定の地域が発行する「地域通貨」、企業が発行する「ポイント」、オンラインサロンが発行する「サロン通貨」など、その形態は様々です。

　これらの独自のお金を発行することで、発行する主体は自分たちを中心とした経済をつくることができます。その中でしか得られないサービスや体験を提供することで経済に人を集め、独自のお金の価値を高めることができます。

　暗号資産も「独自のお金」の1つです。

　先ほど紹介したものと同様に、**法定通貨ではないため強制通用力（無制限に支払いに使用できること）はなく、発行する主体と、その価値を支持する人々の間で使われます。**

　昨今、その流通量、流通範囲がどんどん増えていることから、国や銀行が管理せずとも使える「新しいお金」として認識されるようになってきました。

　暗号資産を支える技術によって国や地域、企業でなくとも独自のお金を発行できるようになり、暗号資産の登場以降、これまでのお金の在り方も見直されています。

◈ 独自のお金が新しい経済をつくる

　人々の活動に伴ってお金が流通することを「経済」といい、その範囲を国や通貨ごとに「日本経済」や「米国経済」「中国経済」などと区別して表すことがあります。

　近年、国によらない独自のお金が数多く発行されるようになり、それを受けて、経済ごとの範囲を際立たせようと「経済圏」という言葉が使われるようになりました。

　たとえば、楽天が発行する「楽天ポイント」が流通している「楽天経済圏」、携帯電話会社の独自のポイントが流通している「ドコモ経済圏」「ソフトバンク経済圏」、アプリなどによるポイントが流通している「PayPay経済圏」「LINE経済圏」などが存在します。

　暗号資産についても、それぞれの暗号資産をお金として使うことができる経済圏（「ビットコイン経済圏」「イーサリアム経済圏」など）が存在し、経済圏を拡大することによって通貨としての価値を高めています。

　最近、メディア等で取り上げられることが増えてきた「デジタル経済圏」は、デジタル空間内に国とは違うくくりで経済が回ることを指しています（詳細後述）。インターネットが発展し、独自のお金を発行する技術として暗号資産が台頭したことによって、国や地域に縛られることなく、あらゆるものがインターネット上で取引されるようになっています。

　このようにいろいろな主体が「独自のお金」を発行するようになったことで、経済圏が多様化し、私たちが自ら選択して参加できる経済圏が増えつつあります。

図0-4 ● 複数の経済圏がある

国が発行＆管理

企業や団体が発行＆管理

法定通貨による
経済圏

地域＆
ポイント経済圏

デジタル
通貨による
経済圏

新しい経済圏
として誕生！

　お金の在り方は、これからもどんどん変化していくことが考えられます。

　新しいお金は、これまでになかったお得な仕組みが付いていることもあります。

　難しそう、と最初から避けるのではなく、「どんな仕組みなのだろう？」と興味を持つことをおすすめします。

05 お金は「もらう」ものから「増やす」ものへ

◇ 日本は「貯蓄から投資へ」と変わっている

「会社員は安定している」「将来のために貯金をしておけば安心」「年金をしっかり納めておけば老後は大丈夫」――。

このような「人生の常識」「お金の常識」は、もはや過去のものとなってしまいました。

日本の銀行や金融機関の定期預金金利が限りなくゼロに近づき、国が率先して「副業」や「年金収入とは別となる2000万円の老後資産形成」を推奨している事実からも、おわかりいただけるでしょう。

将来の経済的な不安をなくすためには、もはや国や会社に頼らず、自分の力でお金を稼ぎ、増やすしかありません。

現在の岸田政権も、「貯蓄から投資へ」と舵を切ることを示しています。

今持っているお金に、お金を稼いでもらい、不労所得を得る。

このような考え方はかつて、すでにお金を持っている人だけが思い浮かべるものでした。しかし、時代は変わり、今や「投資」は、私たち一般人にとっても、日々の生活の一部となってきたのです。

🔷 投資は正しい知識と冷静な対応がカギとなる

　投資の対象というと、これまで株式や投資信託がメインでしたが、「新しいお金」である暗号資産も投資対象として人気が出てきています。

「投資」というと「怖いもの」というイメージがあるかもしれません。

　実際、投資詐欺事件が起き、ニュースやワイドショーなどで話題になるたびに、「やっぱり危ないんだ」「金儲けに目がくらんで投資なんてするからだ」と、投資を目の敵にするかのような声が挙がります。

　しかし、悪いのは「詐欺」であって、「投資」ではありません。

**　投資対象商品の正しい知識と情報を身につけ、冷静に、落ち着いて判断・対処することで、詐欺に遭ったり、投資をしたことによって損害を被ったりする可能性は極端に減ります。**

　暗号資産投資も同じです。

　本書では、知っておくべき暗号資産に関する知識や、暗号資産投資をする際、何に気をつければよいかをお話ししています。

　それぞれ確認し、上手に暗号資産と付き合っていきましょう。

ブロックチェーンとは？

　ブロックチェーンとは、インターネット上にある世界中の端末同士を直接つなげて、ネットワークの参加者でデータを共有し合うデータベースのことです。

　ブロックチェーンの大きな特徴として、次の2つがあります。

　1つ目は、一部のシステムに何か不具合が生じてもネットワーク全体が停止することはありません。一般的な企業が提供するサービスでは、その企業のシステムによって中央集権的に管理されているので、たとえば、ある銀行のシステムが止まってしまった時にはすべてのATMからお金を引き出すことができないなどの問題が発生します。ところが、ブロックチェーンであれば一部で障害が起きても分散管理によってシステムを維持することができます。

　2つ目は、ブロックチェーンではデータの改ざんが極めて難しくなっています。これは過去の取引の証明をもとに現在の取引の証明を行い、これらの証明を積み重ねることによって取引を記録しているためです。仮に誰かがデータを改ざんしようとした時には、これまでのすべての証明が崩れてしまい、すぐに不正が検知されてしまいます。またこのような怪しい取引についてはネットワークの参加者が誰でも確認できる仕組みになっています。

(図 0-5 ● **ブロックチェーンの仕組み**)

互いに監視し、正しいデータをつなぐ

従来	ブロックチェーン
サーバーが一括管理している	関係者が互いにチェックしている

出典：「日本経済新聞」2020年3月9日

　このように、ブロックチェーンは参加者がデータを共有しつつ、互いに取引を監視し合う安全なデータベース技術として機能しています。この技術を活用して暗号資産は発行されており、それが暗号資産のアセットとしての特徴にもつながっています。

参考文献

『マネユニ・アカデミー 暗号資産コース 教科書』
(マネックス証券)
『ビットコインとブロックチェーン 暗号通貨を支える技術』
(NTT出版)
Coincheckコラム「初心者でもわかる仮想通貨のハードフォ
ークとは？　特徴を徹底解説」　※125、126ページ図

Chapter 1

新しいお金としての
暗号資産

暗号資産は、従来のお金とは違った仕組み、
特徴を持っています。
そのため、これまでのお金と同じように考え、
取り扱ってしまうと、思わぬ落とし穴にはまってしまうこ
ともあります。
暗号資産とはどういうものか、基本について知っておき
ましょう。

01 暗号資産が生まれた背景

◈ 暗号資産の誕生は世界的金融危機の直後だった

暗号資産は、「ビットコイン（Bitcoin）」の誕生によって登場しました。

　2008年9月に「リーマン・ショック」という世界的な金融危機が起きた直後、同年10月に「Satoshi Nakamoto（サトシ・ナカモト）」と名乗る人物またはグループによって、「Bitcoin：A Peer-to-Peer Electronic Cash System（ビットコイン：P2P電子マネーシステム）」というタイトルの論文がインターネット上で公開され、銀行など第三者を介さずとも個人間で直接取引できる電子通貨システムが実質発明されたのです。

「リーマン・ショック」とは、アメリカの有力投資銀行リーマン・ブラザーズが破綻し、それを契機として広がった世界的な株価下落、金融不安（危機）、同時不況のことです。1つの銀行の倒産が世界規模の金融危機に至ったことから、銀行を中心とする従来の金融システムへの信頼が大きく揺らぎました。

　日本でも、直接リーマン・ショックに関係してはいないものの、投資家たちが米ドルを手放し円をこぞって購入したため、急激な円高になり、輸出産業が大打撃を受け、株価が大暴落、不況に陥りました。

　このタイミングでの「ビットコイン」の誕生に、世界は注目したのです。

暗号資産の仕組みは発明者がわからない大発明

　ところが、ビットコインの論文の書き手「Satoshi Nakamoto」という人物の正体がわかりません（今でもわかっていません）。というのも、論文が公開されたのは、論文雑誌や学会発表のような場ではなく、「サイファーパンク」という暗号技術の研究に熱心な開発者グループのメーリングリスト内であり、ペンネームでの投稿だったからです。

　そこで、ビットコインの構想に賛同する「サイファーパンク」の有志メンバーによって、論文の研究、仕組みの解明が行われ、開発が進められました。それが、今の暗号資産の技術的な基盤となっています。

　ちなみに、暗号資産は「暗号技術」を活用することで、個人間取引の仕組みを実現しています。

「暗号技術」とは、データの内容を第三者にわからない形式に変換したり（暗号化）、変換したデータを元に戻す（復号化）技術のことです。

図1-1 ● 暗号技術の仕組み

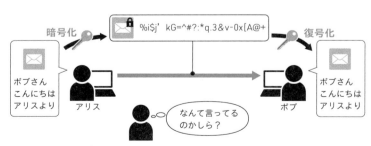

参考：『平成29年度 CITP フォーラム／ JUAS アドバンスド研究会 活動報告書』

暗号資産は
従来のお金とは違うもの

◇ 暗号資産とは、インターネット上でやりとりできる財産のこと

　暗号資産は、ビットコインが「電子通貨システム」としてつくられたこともあって、以前はインターネット上で取引される「仮想通貨」と呼ばれていました。

　しかし、価格変動が大きいため、**実態は通貨（currency）ではなく資産（asset）であるとの見方が次第に優勢**となりました。海外では「cryptoassets」という表記が使われるようになり、日本でも「暗号資産」という言葉が一般的になりました。

　暗号資産は、日本銀行のホームページで「インターネット上でやりとりできる財産的価値」であると説明があります。

　また、資金の決済について定めた「資金決済法（資金決済に関する法律）」では、以下のような性質を持つものとして定義されています。

1　不特定の者に対して、代金の支払い等に使用でき、かつ、法定通貨（日本円や米ドル等）と相互に交換できる
2　電子的に記録され、移転できる
3　法定通貨または法定通貨建ての資産（プリペイドカード等）ではない

　要は、**「暗号資産は何かの支払いに使うことができ、法定通貨と交換もできるデジタル資産である」**ということです。

暗号資産の３つの特徴

　暗号資産には、従来のお金と違う３つの特徴があります。

① 不正を検知しやすい

　インターネットを通じて個人が直接取引するには、取引の内容について当事者間であらかじめ合意を形成する必要があります。しかし、国や銀行など仲介者が存在しないため、知らない相手と取引する場合には、信頼性を保つことが難しくなってしまいます。この問題を「ビザンチン将軍問題（Column②参照）」と呼ぶことがあります。

　暗号資産はネットワークに参加するメンバー全員で台帳を持ち、取引を検証し合う仕組みによってこの問題を解決しています。

　仮に誰かが不正を働いても、分散型ネットワークによってすぐにそれを検知することができるのです。

② システムが落ちにくい

　従来のお金は、国（日本銀行）や金融機関が管理しています。そのため、管理システムがダウンしてしまうと、ネットワーク全体が停止してしまう恐れがあります。

　たとえば、ある銀行のシステムに障害が発生すると、口座保有者がお金を引き出せなくなるばかりか、支払い業務が滞り、企業がお金を受け取れなかったり、他行に送金できなかったりして、他の銀行にも影響が及んだりします。

図1-2 ● 従来型金融システムと分散型金融システムの比較

従来型金融システム
特定の企業が取引の承認を
行っている。

分散型金融システム
承認プロセスを複数の
ユーザーで監視する。

"中央集権に依存
している形に"

"中央集権に依存せず
複数のユーザーで管理する形に"

　暗号資産は、世界中のコンピュータによって分散的に管理されているため、どこか一部に問題が生じても、ネットワーク全体が稼働し続けることができます。

③　お金のルールを設定することができる

　国が経済状況に応じて供給量をコントロールする法定通貨とは違い、暗号資産はデータベース上で発行ルールが決められています。

　暗号資産を発行する主体は、発行時に総供給量や発行ペースなどのルールをデータベースにおけるコンピュータプログラムによって決めることができます。

　たとえば、暗号資産の代表格と言えるビットコインは、総発行量が2100万枚で、約10分間隔で一定量が新たに発行され、この新規発行量も約4年ごとに半減するような仕組みとなっています。

◈ 具体的なルールを設定するスマートコントラクト機能

　暗号資産により具体的なルールを設定する機能として「スマートコントラクト」という機能があります。スマートコントラクトとは、発行体があらかじめ取引の条件をプログラムで定義し、取引者がそれに従って取引できるようにするものです。

　たとえば、私たちが日ごろから利用する自動販売機もスマートコントラクトを使用した例と言えます。販売業者は「120円を支払ってボタンを押すと商品が出る」とルールを定義したうえで、購入者はそのとおりに120円を入れて欲しい商品のボタンを押すとジュースなどがもらえて、その金額は販売業者に自動で支払われます。

　イーサリアム（Ethereum）という暗号資産は、スマートコントラクトを備えた開発プラットフォームとして存在し、そのうえで様々な用途の暗号資産が発行されています。

図1-3 ● スマートコントラクトの事例：自動販売機

① 契約をプログラム	120円を支払ってボタンを押すと商品が出る	
② イベント発生	客が120円を入れてボタンを押す	
③ 契約を実行	商品が出る	
④ 決済	120円が業者のものになる	

03 暗号資産が持つ
4つのリスク

◈ 4つのリスクを知っておこう

「新しいお金」である暗号資産には、気をつけるべきこと、リスクがあります。

以下の4つについては、必ず押さえておきましょう。

① 価格変動があるうえに大きい

暗号資産は価格が常に変動するうえに、その差が大きくなることも少なくありません。通貨や株式なども価格変動が日々起きていますが、それらと比べて暗号資産は取引高も取引参加者も規模が小さいため、短期間で価値が急上昇することもあれば、急落することもあります。ボラティリティ（値動きの変動率）、つまり、その商品の価格変動が大きくなります。

投資目的で購入した時から価格が下がることもあるので、注意が必要です。

② ハッキング

暗号資産はインターネット上で取引されるため、ハッキングされるリスクがあります。取引所のシステムや、個人のモバイル機器を使うため、インターネットサービスにおけるパスワードや、銀行でいう暗証番号にあたる情報を第三者に盗まれてしまうと資産が失われることがあります。

暗号資産に投資する際には、インターネットすべてに共通する

リスクとして、情報管理を慎重に行う必要があります。

③ 51％攻撃

　暗号資産は、世界中に散らばったコンピュータリソースによって取引を検証し、皆で承認してデータベースに記録します。何かあった際の意思決定の手段は「多数決」で、51％の人が承認すればそれは決定となります。

「51％攻撃」とは、作為的にシステムを活用し、51％の嘘の承認を取り、取引を成立させようとすることです。

　攻撃者が取引検証のリソースを51％以上占有した場合に、不正取引によって資産を盗まれることがあります。

④ 規制

　国によっては、暗号資産の規制がまだ十分に整備されていません。そのため、無法地帯の中で発行されている暗号資産や、事業を展開している暗号資産関連業者も数多く存在します。このような規制外のものは取引や活動の実態がない詐欺の場合が多いので、取引しないようにしましょう。

　また各国がこれから暗号資産の規制を整備するにあたっては、中国のように突然、暗号資産の取引が禁止されてしまうなど、想定できないことが起こることもあります。

　上記4つのリスクの他にも、暗号資産は麻薬取引などの違法な取引に使用されるリスクや、犯罪資金のマネーロンダリングに利用されるリスクなどがあります。これらは投資家に直接関わる問題ではありませんが、無意識にそのような不正に関与しないよう注意しましょう。

ビザンチン将軍問題とは？

　知らない人を仲介役として招き、姿の見えない別の人とお金を
やりとりするシチュエーションを考えてみましょう。

　この時、取引相手も仲介役も完全に信頼することはできないた
め、それぞれが合意のもとで取引を行うことは難しいです。

　このような特定の主体によらない分散的な状況では、全体の合
意を形成することができないという問題を「ビザンチン将軍問
題」といいます。

　ビットコインの場合、仲介役にあたる取引検証者が不正を働こ
うと思っても、他の取引検証者にそれがわかってしまいます。ま
た、取引検証者は正しい行動をすることで新しく発行されるビッ
トコインを報酬として受け取ることができるため、不正を働いて
自分の不利益になることはしません。

　このようにビットコインをはじめとする暗号資産は、不正防止
と金銭的なインセンティブの仕組みによってビザンチン将軍問題
を実用的に解決しました。

図1-4 ● ブロックチェーンの仕組みと問題

皆、同じ立場

‖

悪い人をどう排除
するのか

参考：ALIS

04 暗号資産の 売買の仕組み

◇ 暗号資産の売買に必要なもの

　暗号資産とはいったいどういうものなのか、まだまだイメージできないかもしれません。

　イメージできないものを取り扱うことほど怖いことはありません。基本的な仕組みを押さえておきましょう。

　それぞれの詳しい説明は、後述していますので、まずは全体像をつかんでください。

・暗号資産ごとにルールが決められている

　暗号資産は、銘柄ごとに発行や取引のルールが設定されており、それぞれの供給量や用途などが異なります。投資するうえでは個々の暗号資産が持つ特徴を把握することが大切です。

・個人資産の管理は「ウォレット」で行う

　暗号資産は銀行や証券会社でいう「口座」の代わりに「ウォレ

図1-5 ● ウォレットと秘密鍵

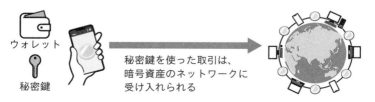

ウォレット

秘密鍵

秘密鍵を使った取引は、
暗号資産のネットワークに
受け入れられる

ット＝財布」で管理します。ウォレットには「アドレス」と、それに対応する「秘密鍵」（英数字の組み合わせ）が存在します。

「アドレス」は口座番号と同じなので公開しても問題はありませんが、「秘密鍵」は暗証番号もしくはパスワードと同じなので絶対に公開してはいけません。
「秘密鍵」を知っている＝ウォレット（残高）の正しい保有者とみなされ、自由に使うことができるだけでなく、その暗号資産のネットワークに受け入れられ、自由にやりとりされてしまいます。取り扱いには十分注意してください。

・資産全体は「ブロックチェーン」で管理する
　暗号資産は、中央銀行のような特定の主体が管理するのではなく、関係者皆で管理します。
　ブロックチェーンは、暗号技術を組み合わせて複数のコンピュータで取引情報などのデータを同期して記録する仕組みです。
　一定期間の取引データをブロック単位にまとめてチェーン（鎖）のように記録していきます。正しい記録を蓄積していくため、取引履歴を共有し、相互に監視することで信頼性を担保し、データの改ざんを防ぐことができます。

・取引は取引所を活用するか個人で行う
　暗号資産は、暗号資産交換業者が提供する取引所、もしくは販売所を通じて個人間でやりとりします。インターネット上なので、パソコンやスマートフォン（以下、スマホ）から利用できます。
　暗号資産交換業者を利用する場合には、証券会社と同様に専用の口座を開設することが必要です。また同じ取引する場所でも

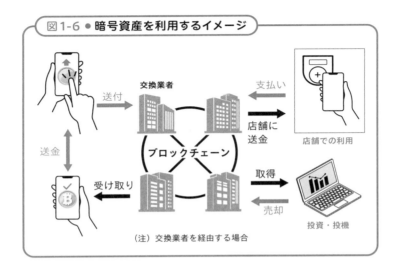

図1-6 ● 暗号資産を利用するイメージ

送付　交換業者　支払い

店舗に送金

ブロックチェーン　店舗での利用

受け取り　取得

送金　売却

投資・投機

（注）交換業者を経由する場合

「取引所」と「販売所」で形式が異なっています。

- **取引所**……買い手と売り手が集まり、それぞれの希望が合えば売買が成立する
- **販売所**……買い手も売り手も販売所とやりとり・売買を行う

　個人間で取引する場合には、取引所とは別に個人で管理するウォレットを用意し、互いのウォレットのアドレス（口座番号）情報を共有することで送金することができます。

・種類が違っても外貨のように交換できる

　暗号資産には多数の種類がありますが、**外貨を取引するように異なる種類の暗号資産を交換したり、日本円に変えたりすることができます。**

　なお、異なる種類の暗号資産を交換する際は手数料がかかります。

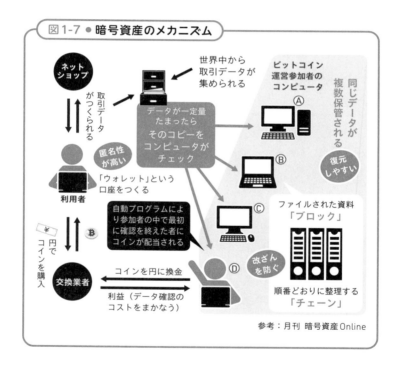

図 1-7 ● 暗号資産のメカニズム

ネットショップ

取引データがつくられる

世界中から取引データが集められる

ビットコイン運営参加者のコンピュータ

同じデータが複数保管される

データが一定量たまったらそのコピーをコンピュータがチェック

Ⓐ
Ⓑ

復元しやすい

匿名性が高い

利用者

「ウォレット」という口座をつくる

自動プログラムにより参加者の中で最初に確認を終えた者にコインが配当される

Ⓒ

ファイルされた資料「ブロック」

円でコインを購入

Ⓓ

改ざんを防ぐ

コインを円に換金

交換業者

利益（データ確認のコストをまかなう）

順番どおりに整理する「チェーン」

参考：月刊 暗号資産Online

　このように従来のお金とはまったく違った仕組みで暗号資産は運用されますが、仕組み自体はシンプルなのです。

05 暗号資産と
他の資産の違い

◈「新しいお金」の中でも暗号資産は特別である理由

　暗号資産以外にも、インターネット上で取り扱い、管理される「新しいお金」があります。

　仕組みが似ているものもあり間違えやすいので、暗号資産とその他の資産との違いをまとめておきましょう。

① 仮想通貨との違い

　今でこそ「暗号資産」という名前が法律によって正式に定義され、新聞やニュースなどでも統一され、使われるようになりましたが、以前は「仮想通貨」と呼ばれることが少なくありませんでした。そのため、「暗号資産＝仮想通貨」と思っている人も多いかもしれません。

　実際、同じものを指すこともありますが、厳密には違うものと思ってください。

　いわゆる仮想通貨は、バーチャル上で使われるデジタル通貨の総称です。バーチャルゲームやバーチャルな世界（仮想空間）内で流通するお金などを指します。

　その多くが、米ドルのみなど、特定の法定通貨との交換はできるものの、それぞれのゲーム内やゲームを主催する企業のシステム内でしか使えません。

　一方、暗号資産は、取引の範囲が特定の企業に縛られることはありません。

図 1-8 ● 資産の比較図

企業が管理

ゲーム通貨　　ポイント

みんなで管理

特定の国や企業によって
管理されるものではない

② 電子マネーとの違い

　ふだん皆さんが使っている Suica や PASMO、PiTaPa をはじめとする交通系電子マネーや、iD といった電子マネーも、ネットで管理される「新しいお金」です。

　日本の企業等で発行されている電子マネーは、日本円を入金して電子マネーにすることはできますが、反対に電子マネーを現金に交換することはできません。

　また、銀行などを介して自由に移動することもできません。それぞれのお金を管理する企業ごとにシステムが分かれていて、お金の使い道も制限されています。

　一方、暗号資産は世界中のコンピュータが管理する分散型ネットワークを通じて自由に交換、移動することができます。

③ ポイントマネーとの違い

　Amazon や楽天、LINE ヤフーなどの企業が運営しているポイントマネーとも違いがあります。

　これらのポイントマネーは、発行企業のサービスを何か利用した時や、キャンペーンに参加した時などに、還元として一方的に受け取るものになります。同じ企業のサービス支払いに利用する

ことはできますが、日本円と交換したり、誰かに送金したりすることはできません。

　一方、暗号資産は、ウォレットを通じて双方向にやりとりすることができ、特定の企業あるいはサービスでしか使えないということはありません。

④　決済アプリマネーとの違い

　最近になって利用者が増えているPayPayやLINE Payなどの決済アプリマネーとも特徴が異なります。

　決済アプリマネーは銀行口座やクレジットカードを連携することで、いつどこからでも入金することができます。街中の店舗やインターネットサービスなどいろいろな場所で使うことができ、アプリを通じて誰かとお金を送り合うこともできます。しかし、アプリのユーザー同士でしかやりとりすることができません。

　一方、暗号資産は、同じウォレットアプリを使わなくても、アドレスさえわかれば世界中の誰とでもやりとりすることができます。

　このように暗号資産を様々な資産と比べてみると、暗号資産が第三者を介さず直接、自由にやりとりできる、これまでにはないデジタル資産であることがわかるでしょう。

06 押さえておきたい 暗号資産の種類

◎ 暗号資産の種類はどんどん増えている

　暗号資産は、現在、2万種類以上発行されており、その数は年々増え続けています。**ビットコイン以外の暗号資産のことを総称して「アルトコイン」と呼びます。**

　そのうち、日本国内で購入できるものは約80銘柄あります（2023年10月時点）。

　代表的な暗号資産をご紹介しましょう。

① ビットコイン（BTC）

ビットコインは、時価総額が最も大きい暗号資産です。

　時価総額とは、「市場価格と発行数量を掛け合わせて算出される金額」で、時価総額が大きい暗号資産は流動性が高く取引しやすいという特徴があります。

　個人で直接取引できる電子通貨システムとして誕生し、2009年1月に発行が始まりました。2010年5月22日にはビットコインが初めて決済に使用され、2枚のピザが1万BTCと交換されました。

　最近では金に代わるデジタルゴールドとしても注目を集めています（詳細Chapter 4参照）。

② イーサリアム（ETH）

イーサリアムは、ビットコインに次いで時価総額が大きい暗号資産です。

　有志のメンバーによって構成されるイーサリアム財団が開発を進めており、世界中のコンピュータがつながることでネットワークを形成する、ワールドコンピュータを構築しようとしています。

　ブロックチェーン上でアプリを開発できるプラットフォームとして機能し、イーサリアム上では「スマートコントラクト」と呼ばれる仕組みを使った様々なアプリがつくられています（詳細Chapter 5参照）。

③ リップル（XRP）

　リップルは、米リップル社が開発を手がける暗号資産です。

　リップルを活用した決済ネットワークによって金融機関同士の送金コストを改善することを目指しています。世界中の人が取引の検証者となって分散的に台帳を管理するビットコインやイーサリアムなどとは違い、台帳をリップル社と提携金融機関が管理しています。

**　リップルのネットワークには世界中の金融機関が参加を表明しており、日本でもSBIホールディングスやメガバンクなど多くの金融機関が関わっています。**

④ ビットコインキャッシュ（BCH）

　ビットコインキャッシュは、ビットコインから新たに生まれた暗号資産です。

　ビットコインは決済手段として利用するうえで取引処理の性能に問題（スケーラビリティ問題、Column③参照）を抱えていました。ビットコインのコミュニティは、この問題の解決方法を巡り、取引データ容量の縮小を支持する派閥と、取引を記録するブロック容量の拡大を支持する派閥に分かれました。

ビットコインキャッシュは後者の立場から決済利用が可能なデジタル通貨になることを目指し、2017年8月に誕生しました。しかし、その後も2018年と2020年にコミュニティ内で分裂を繰り返しています。

　他にも、国内で人気を集めるネムや5ちゃんねる発祥のモナコイン、海外の大手暗号資産取引所であるバイナンスが発行するバイナンスコイン、電気自動車大手テスラのCEOイーロン・マスク氏が支持するドージコインなど、数多くの暗号資産が発行されています。
　これらアルトコインの時価総額は、ビットコインとイーサリアムを除いて、年々その順位が大きく入れ替わっています。

図1-9 ● 主な暗号資産一覧

暗号資産名	通貨の略称	発行開始日
ビットコイン	BTC	2009年
イーサリアム	ETH	2014年
リップル	XRP	2012年
ビットコインキャッシュ	BCH	2017年
ネム	XEM	2015年
イーサリアムクラシック	ETC	2016年
モナコイン	MONA	2014年
リスク	LSK	2016年
ステラルーメン	XLM	2014年
アイオーエスティー	IOST	2019年
エンジンコイン	ENJ	2017年

Column ❸

スケーラビリティ問題とは？

　ブロックチェーンは取引データが1つひとつのブロックに格納されながら記録されていきます。この時、ブロックごとに容量が決まっているため、1つのブロックに格納できる取引データの容量にも限りがあります。たとえば、ビットコインではブロック容量が1メガバイトと定められており、秒間で10件以下の取引しか処理することができません。クレジットカードが秒間で数千件もの取引を処理することを考えれば、ビットコインをはじめとする暗号資産が決済利用に向いていないことが伝わるでしょう。

　こうした暗号資産の取引を処理しきれないという問題を「スケーラビリティ問題」と呼びます。今ではブロック容量を引き上げる方法や取引データを圧縮する方法、取引を処理する専用のネットワークを用意する方法など、様々な形でこの問題の解決策が考えられています。

図1-10 ● スケーラビリティ問題の流れ

暗号資産で用いられるブロックチェーン技術において、
1つのブロック（＝取引情報）の中に書き込める
取引データの上限によって起きる障害のこと。

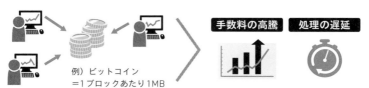

手数料の高騰　　処理の遅延

例）ビットコイン
＝1ブロックあたり1MB

参考：NET MONEY

07 暗号資産で広がる デジタル経済圏

🔷 課題を解決し、どんどん市場を伸ばしていく暗号資産

ほとんどの暗号資産は、コミュニティ内の「独自のお金」として発行され、それぞれの場で流通しています。そのため、暗号資産の数だけ「経済圏」が存在します。

暗号資産をお金として考えると、ボラティリティの大きさが課題であると指摘されます。

実は、米ドルやユーロ、日本円などの信頼性の高い法定通貨と価値が連動するように設計されたものがあります。これを「ステーブルコイン」と言います（詳細後述）。ステーブルとは「安定した」という意味で、「ステーブルコイン」は、価格変動リスクを抑えた、いわば暗号資産市場における現金のような役割を担っています。

暗号資産を取引するには、金融機能が必要です。大部分は企業が運営する暗号資産取引所が資産の売買や移動を仲介していますが、個人同士がモバイルアプリなどを通じて直接やりとりすることもできます。

また、暗号資産では銀行などの第三者を介さずともプログラムに従って資産の売り買いや貸し借りなどを行うこともできます。

たとえば「1年後に預入額に対して3％の金利を付与する」といった内容も、期日にはあらかじめ定義したとおりに取引が自動で処理されます。この「分散型金融（DeFi＝Decentralized

Finance)」と呼ばれる暗号資産ならではの市場は、伝統的な金融市場とは別の新しい金融市場として注目されています（詳細後述）。

◈ データの在り方を変えたNFT

暗号資産では、アートや音楽、スポーツなどのデジタルコンテンツもやりとりされています。

「ノンファンジブルトークン（NFT）」と呼ばれる仕組みによって、様々なデジタルコンテンツが高値で取引される新しい市場がつくられています。NFT付きの書籍・CDなどが、現金市場で売られることも増えてきています。

NFT、「偽造不可な鑑定書・所有証明書付きのデジタルデータ」の登場によって、世の中は大きく変わりつつあります。

これまであらゆるデータが複製可能なものとして捉えられていましたが、暗号資産の技術によって、データを有限かつ唯一無二のものとして取り扱うことができるようになりました。

たとえば、著名アーティストがつくったデジタルアートをコピーできない限定品としたり、その所有者だけが現実の個展に参加できる権利証として販売したりすることができるようになりました。データに会員権などの権利を付与することもできます。

◈ ゲームが財産になる時代

さらに最近では、これらが発展して「GameFi（ゲーミファイ）」といった言葉も生まれました。Game×Finance（ゲーム×金融）が融合したビジネスモデルのことです（Chapter 5参照）。

通常のゲームではどんなにプレイしても現実の資産には結びつ

きませんでしたが、**GameFiではゲーム内のお金やアイテムが暗号資産として管理されるため、ユーザーがゲームをプレイすることで現実の資産を増やすことができます。**

　また、暗号資産が取引される仮想空間として「メタバース」という言葉もブームになっています。メタバースは概念が人によって曖昧ですが、ここでは私たちが二次的に生活する場として想定されており、現実と同様に経済活動に伴って暗号資産で管理されるモノやお金がやりとりされます。

　図1-11のように暗号資産をもとにした独自の経済圏がものすごい速さで拡大しています。とはいえ、暗号資産の経済圏にアクセスするにはまだまだハードルが高く、金融資産としての問題も多く残されているため、これが一般に普及するのはもう少し先の話でしょう。しかし、アメリカでは暗号資産取引所のコインベースがナスダック上場を果たし、ビットコインの先物ETFも承認されるなど、暗号資産が金融市場の一部として確かに認められつつあります。さらには大手銀行が暗号資産の取り扱いを始めたり、企業が暗号資産決済に対応したりする中で、暗号資産が私たちの暮らしとの接点を増やしながら、デジタル経済圏の一部として発展していくことは間違いありません。

（図1-11 ● 台帳の上に様々な経済圏・要素が広がっている）

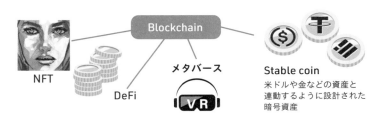

NFT

Blockchain

DeFi

メタバース

VR

Stable coin
米ドルや金などの資産と
連動するように設計された
暗号資産

Column ❹

マイニングとステーキング

暗号資産は銀行のような仲介機関をはさまずに個人同士で直接取引することができます。これは「マイニング」という取引の検証および承認作業があるためです。

マイニングを行う人たちを「マイナー（採掘者）」と呼び、彼らに対しては新しく発行される暗号資産と、取引で発生する手数料がマイニング報酬として与えられます。

この取引検証の仕組みは暗号資産によって多少異なりますが、ビットコインの場合には「プルーフ・オブ・ワーク（PoW）」と呼ばれる仕組みが採用されています。PoWではコンピュータの計算によって取引を検証します。一定の条件を満たす値を一番早く求めることができたマイナーが取引を記録する権利を得ることができ、それによって報酬を受け取ることができます。

このマイニング作業は、設備さえあれば誰でも行うことができます。取引検証について特定の機関に左右されないということが暗号資産ならではの特徴というわけです。

一方で、今では数多くの企業がマイナーとして参加しているため、個人ではなかなか競争に勝つことができないというのも事実です。その分、マイニングの計算に使用する機械も大きくなっており、マイニングで消費するエネルギー問題を指摘する声もあります。

図1-12 ● マイニングとステーキング

マイニング   ステーキング

マイニングとステーキングはどちらも取引を検証する役割を担いますが、マイニングはコンピュータの計算力、ステーキングは資産の保有量に応じてその権利が決まるという違いがあります。

参考：仮想通貨 Watch

　最近では、イーサリアムが採用する「プルーフ・オブ・ステーク（PoS）」と呼ばれる仕組みが注目されています。

　PoSでは資産をネットワークに預け入れた量に応じて取引を検証します。このことを「ステーキング」と呼びます。ステーキングを参加条件とするPoSの仕組みは、PoWと違って大きな機械がなくても誰でも検証者になることができ、エネルギーの消費も抑えられますが、お金持ちが権力を得やすいという問題もあります。

　このように、暗号資産は分散的に取引を検証する仕組みによって成り立っています。ただし、それぞれの仕組みには善し悪しがあり、暗号資産の性質によって使い分ける必要があります。

Chapter 2

暗号資産の運用の仕組みを学ぼう

暗号資産を売買・運用するには、その仕組みを知っておく必要があります。
どこで購入するのか、どのように管理すればいいのかなど、通貨とはまた違った仕組み、ルールがあります。
暗号資産とはどういうものか、どういう流れでやりとりされるのかなど、基本的な運用の仕組みについて知っておきましょう。

01 暗号資産の取引に必要な 「ウォレット」

❑ 暗号資産はお財布「ウォレット」で管理する

私たちがお金を財布に入れて管理しているように、暗号資産も「ウォレット」と呼ばれる電子財布によって管理されます。

ウォレットは、暗号資産の残高を管理したり、暗号資産を出し入れしたり、送金したりすることができます。

ウォレットは電子財布なので、電子マネーと同じくデータベースを書き換えることによってお金をやりとりします。

正確に言うと、暗号資産の場合、ウォレットを通じて「ブロックチェーン」という分散型のデータベースを書き換えるという仕組みになります。

❑ お財布「ウォレット」選びから リスク管理が始まっている

ウォレットは、大きく分けて次の4つの種類があります。どのウォレットを使うかは、それぞれの特徴から自分にとって使い勝手の良いものを選びましょう。

① オンラインウォレット・ウェブウォレット

オンラインウォレットは、ウェブアプリとして提供されます。常にインターネットに接続しているため、取引がスピーディーに簡単にできるため、利便性が高いのが特徴です。

　なお、ウェブアプリの管理者に暗号資産の管理を任せることになるため、管理者やシステムに問題が起きた場合、保有している暗号資産が引き出せなくなることがあります。また、インターネットと常に接続しているため、ハッキングのリスクが伴うことにも注意が必要です。

　オンラインウォレットの中には、取引所（68ページ参照）が管理しているものもあります。取引所は厳しい規制と高度なセキュリティによって守られており、後述するオフラインのウォレットも併用して顧客資産を保護しているため、他のオンラインウォレットよりも安全性は高いといえます。ただし、取引所の都合によって、暗号資産を引き出せなくなるリスクがあります。

② ソフトウェアウォレット

　ソフトウェアウォレットは、パソコンやスマホにダウンロードしたり、ウェブ上でアクセスしたりして使用します。たいていのウォレットがこのタイプで、取引する時だけ端末をインターネットに接続し、それ以外はネットにつなげておく必要はありません。そのため、オンラインウォレットよりも安全であるといえます。

　ただし、オンラインウォレットと違い、ソフトウェアをインストールした端末（パソコン・スマホ）内で、自分で暗号資産を管理する必要があります。

③ ハードウェアウォレット

　ハードウェアウォレットは、暗号資産を管理するための専用デバイスとして提供されます。取引する時だけUSBなどを通じてオンライン状態のパソコンやスマホと接続し、取引が完了したらオフラインにします。

基本的には、暗号資産をオフラインで管理し、デバイスの使用においてもパスコード認証などセキュリティ対策が講じられているため、安全性は非常に高いといえます。ただし、操作の手間や、それ自体が破損するトラブルに弱いといった問題があります。

④　ペーパーウォレット

　ペーパーウォレットは、暗号資産を保管するアドレスの秘密鍵を紙に印刷し、保管する方法のことを言います。

　暗号資産は、前述したとおり「秘密鍵」という暗証番号のようなものによって守られています。秘密鍵をいつでも思い出せるように紙に記しておけば、問題なく暗号資産を管理できます。

　取引の時以外は、基本的にオフライン状態であるため、ハッキングなどのリスクを無視することができます。暗号資産を長期にわたって保有する場合には最も安全性の高いウォレットといえるでしょう。

図2-1 ● 各ウォレットの特徴

	オンライン ウォレット	ソフトウェア ウォレット	ハードウェア ウォレット	ペーパー ウォレット
利用環境	オンライン	オンライン	オフライン	オフライン
利用媒体	ウェブ	モバイル、 デスクトップ	USB形式	紙など
秘密鍵管理	委託	個人	個人	個人
利便性	◎	○	△	×
安全性	△	○	◎	◎

　ちなみに、「秘密鍵」を記した紙を銀行の貸金庫などで厳重に管理する人もいます。

　ただし、ペーパーウォレットの管理方法が甘いと、第三者に情報を抜かれてしまう可能性や、それを自分でどこに保管したのか忘れてしまうリスクなどが残ります。また、暗号資産を取引する機能はないため、暗号資産を動かしたい時には、秘密鍵の読み取りに対応したウォレットを別に用意する必要があります。

⬡ ホットウォレットとコールドウォレット

　ウォレットは、常にインターネットに接続しているかどうかで、大きく次の2つに分けることがあります。

　覚えておきましょう。

> **ホットウォレット**……常にインターネットに接続して利用するもの
> オンラインウォレット、ソフトウェアウォレットなど
>
> **コールドウォレット**…インターネットに接続されていない環境で利用するもの
> ハードウェアウォレットやペーパーウォレットなど

暗号資産のウォレットは
銀行口座の仕組みと同じ

🔖 暗号資産を守る「公開鍵（アドレス）」と「秘密鍵」

　暗号資産のウォレットは、銀行口座の仕組みと同じものとして理解することができます。

　まず、銀行口座と同じで複数のウォレットを持つことが可能です。

　たとえば、長期的に保有するものはより安全なハードウェアウォレットで管理し、短期的に売買する分は取引所のオンラインウォレットに置くというような工夫もいいでしょう。

　また、同じウォレット内で複数のアドレスを持つこともできます。同じ銀行内で口座を分けて使用するように、あるアドレスは取引用、もう1つのアドレスは貯蓄用という具合に区別することが可能です。

　その分、大変になりますが、用途によって分けて管理することができます。

　銀行口座が預けたお金をペアとなる口座番号と暗証番号によって管理しているように、暗号資産のウォレットは同じくペアとなる「公開鍵（アドレス）」と「秘密鍵」によって暗号資産を管理します。アドレスが口座番号で、秘密鍵が暗証番号にあたり、どちらも不規則な文字列で表記されます。

　ウォレットをつくる際には、まず、秘密鍵が乱数を返すプログラムによって生成されます。次にそれに対応する形で公開鍵（アドレス）がつくられます。つまり、1つの秘密鍵に対して1つの公開鍵（アドレス）が定められます。

　公開鍵（アドレス）は、銀行の口座番号と同じ役割を持ち、暗号資産を誰かから受け取る時や誰かに送る時に使います。
　銀行と違って注意しなければならないのは、暗号資産によってアドレスの仕様が異なる場合があるということです。
　たとえば、ビットコインを仕様の異なるアドレスに送ってしまった場合には、それが届かないケースもあります。そのため暗号資産を送る際には、送り先が同じ仕様のアドレスであることを確認する必要があります。取引所から送金する場合には、送金内容について第三者が事前にチェックしてくれますが、個人で送金する場合にはその点に注意しましょう。

　一方、秘密鍵は暗号資産を送る時に、取引の内容を承認する電子署名として使います。
　暗号資産を送るということは、送り主と送り先（相手）との間でブロックチェーンデータベースが書き換えられるということです。この時、私たちはウォレットに保管されている秘密鍵によって、その内容に署名しています。
　注意すべきなのは、秘密鍵が第三者に知られてしまうと、自分のアドレスから暗号資産を他のアドレスへ送ることができてしまうことです。秘密鍵は、銀行の暗証番号と同様に安全に管理しなければなりません。

🔷 秘密鍵を安全に管理する

　ウォレットで「秘密鍵を管理する」とはどういうことなのか、大事なことなので詳しくお話ししていきましょう。

　暗号資産取引所を利用する場合は、取引所が秘密鍵を管理してくれるため、自分で管理する必要はありません。しかし、個人のモバイルウォレットなどで暗号資産を保有する場合には、秘密鍵を自ら管理しなければなりません。

　一般に暗号資産の秘密鍵はアドレスと同様に下記のような不規則な文字列によって表示されます。

> 例）KxyGRSTXuKojW3cwphAsnuQtdeuyv7hzCBwGd7MLHuB3Blmy79th

　これを見てぱっと覚えられる人は、ほとんどいないでしょう。

　一般に暗証番号は4桁なので覚えておきやすいものですが、これだとそうはいきません。そこで、見慣れた英単語の並びによって秘密鍵を簡単に復元できる仕組みができました。「バックアップフレーズ」や「パスフレーズ」「ニーモニック」など呼び名は様々ですが、ウォレットをつくる時に、プログラムによって秘密鍵の元となる復元フレーズが生成されます。この復元フレーズは2048個のワードリストからランダムに選び出された12単語もしくは24単語で1つひとつが構成されます。

> 例）Crash apology blanket inflict unable exhibit silent return tatoo enforce memory slot（12単語）

　このような形で復元フレーズを管理することによって、秘密鍵を保管するモバイル端末をなくしてしまったとしても、新しい端末から秘密鍵を復元して自分の暗号資産にアクセスすることが可能となります。

　ただし、復元フレーズを忘れてしまうと、万が一の際、ウォレットから自分の資産を引き出すことができなくなってしまいます。

　ウォレットをつくった時には、復元フレーズを必ずどこかに書き留めるようにしましょう。

03 暗号資産の移動は 銀行送金と同じ

◈ 送金は「マイニング」がカギ

　お金を送金する際は、銀行の支店かATMに足を運ぶか、インターネットバンクを使い、どの銀行口座あてに、いくらのお金を移動するかを指定して、自分のお金を預けている銀行に依頼することでしょう。

　この時、国内送金であっても、相手の銀行口座に着金するまでにはいくらかの時間と手数料がかかります。国際送金であれば、これらのコストはさらに大きくなります。

　暗号資産もインターネット上の「お金」ですから、ウェブ上やモバイルアプリで送金することができます。自分のウォレットから「送金先」と「金額」を指定するだけなので、簡単です。送金先は、相手のアドレス情報をコピーするか、QRコードを読み取ることで指定できます。暗号資産のアドレスが、銀行の口座番号のようなものといわれるのはこのためです。金額は、ウォレットの残高分を上限に決めることができます。

　暗号資産を取引所に預けている場合には、銀行送金と同じように取引所に対して送金を依頼します。

　取引所では、依頼内容を確認してから送金の事務処理をするため、送金まで多少の時間と数百円程度の送金手数料がかかります。

　暗号資産を個人で管理している場合は、自身のウォレットから送金を依頼します。取引所を介さないため送金までは比較的早い

図2-2 ● 送金の仕組み

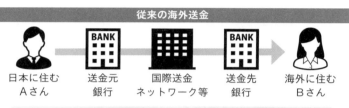

いくつかの機関を介して送金　数千円の手数料

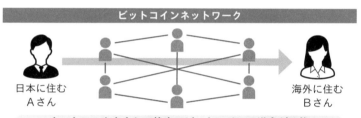

ネットワークを介して格安でビットコインの送金が可能

参考：桜井駿『超図解ブロックチェーン入門』（日本能率協会マネジメントセンター）
71ページを基に作成

ですが、同様に少額の手数料がかかります。

つまり、**暗号資産の送金は銀行送金とほとんど同じ流れという
わけです。**

しかし、違いとして知っておかなければならないのは、暗号資
産は送金が依頼されてからその内容がブロックチェーン上で承認
されるまでにコストがかかるということです。その承認作業を
「マイニング」といいますが、取引が混雑した時にはその承認に
時間がかかり、送金が遅延することがあります。また、取引の承
認にかかる手数料も高くなることがあります。

🔷 暗号資産で送金するメリット

　では、実際に暗号資産が送金に使われるのは、主にどのような場面でしょうか。

　1つ目は国際送金です。

　銀行を介しての国際送金では、着金までに数日、送金手数料が数千円以上かかることもめずらしくありません。

　しかし、暗号資産での送金は、送金先がどの国、どの地域であっても、その日中に安価な手数料で送金することができます。このようなメリットから、とくにフィリピンやベトナムなど出稼ぎの多い新興国では、暗号資産を送金の代替手段として活用することもあります。

　2つ目は国内の銀行システムが不安定になった時です。

　2013年に欧州圏で起きたキプロス危機では、国内情勢の悪化を受けて預金者が銀行に殺到し、取り付け騒ぎになりました。この時、銀行の機能は一時的に停止してしまいました。国民が自分たちの資産を海外へ逃がそうとした際に、銀行に代わる送金手段としてビットコインが注目されました。

　以降も、香港デモやミャンマークーデターなど有事の際は、銀行に代わる送金手段として暗号資産が活用されています。

　このように暗号資産はグローバルに素早く安価に送金できることが特徴です。日本に住みながら銀行で国際送金の手続きをしたことがある人は、それがどれほど手間のかかる作業か身をもって感じているでしょう。万が一、国内の金融システムが停止した場合であっても、暗号資産は送金手段として活用できます。

図2-3 ● 取引所の送金画面と受取画面の一例

左側	右側
国内取引所 Coincheck アプリにおける 送金画面	受取画面

注：この画面はダミー画面のため QRコード等を読み込んでも 機能いたしません。

画面：Coincheck アプリ

送金画面では、送金先アドレスと送金金額を指定します。この時、送金にかかる手数料も確認することができます。注意点として、取引所では不正な送金を防止するために送金先アドレスの登録が求められるため、送金時に併せて対応するようにしましょう。受取画面では自身のアドレスと、それに紐づくQRコードが表示されています。これらの情報をコピーして相手と共有するようにしましょう。

暗号資産取引の始め方①

暗号資産の取引口座を開設しよう

🔶「取引所」を選ぶ

暗号資産の取引を始めるには、環境を整える必要があります。

本書では、「暗号資産取引の始め方」として、主な手順と気をつけるべきポイントを紹介します。

最初に行うのが、一般に「取引所（交換所とも呼ばれる）」といわれる暗号資産交換業者で専用口座を開設することです。

まず、どの取引所（暗号資産交換業者）で口座を開設するのかを選びます。

チェックすべきポイントは、大きく３つあります。

① 希望する取引注文ができるかどうか

先ほど、暗号資産の取引を行う場所として、取引所、販売所についてお話ししました。おさらいすると、取引所では取引者が互いに売り買いの注文を出して、それがマッチングした時に取引が成立します。一方、販売所では取引者がいつでも販売所を相手に売買することができます。

暗号資産交換業者には、取引所、販売所、どちらの役割も兼ね備えているところもあれば、どちらか一方の役割だけを持っているところもあります。

また、交換業者によって取引の際の注文方法も異なります。注文時に買いポジションだけを持つことができる業者もあれば、売

りポジションも持つことができる業者もあります。

　希望する取引注文ができる取引所を選びましょう。

② 取扱銘柄や取引種別などのサービスが整っているか

　興味のある銘柄を取り扱っている取引所かどうか、また、銘柄
ごとの最低取引単位はどれくらいか、手数料はいくらかなど、希
望するサービスが整っているかのチェックは欠かせません。

　なお、ある銘柄はその販売所で売買できても取引所では売買で
きないということもあるため、取引銘柄によってこれらを使い分
けることも必要でしょう。

③ セキュリティがきちんとしているか

　資産の管理方法や補償体制といったセキュリティ面がしっかり
しているかを確認することが最も重要です。

　きちんとしたセキュリティのもとで管理されていなければ、大
事な資産がハッキングによる流出の被害に遭ってしまうリスクが
あります。また、最近は預かった資産を経営者が使い込んでしま
うといった事案もありました。

　取引所の資産と投資家の資産を分けて管理する「分別管理」が
なされているか、不正なログインのチェック、取引所内のセキュ
リティなど、セキュリティ方針については公式ホームページで口
座を開設する前に確認しておきましょう。

　また、必ず国内の規制に従ってきちんと暗号資産交換業の免許
登録がされている取引所から選びましょう。金融庁や財務局のサ
イトで、その時点で認可されている暗号資産交換業者、行政処分
を受けた業者などが紹介されています。確認しておきましょう。

⬡「取引所」で専用口座をつくる

取引所を決めたら、その取引所が定める手続きを行います。

　銀行の口座開設では、店舗に足を運び、いくつもの書類に必要事項を記入し、身分証と一緒に提出して、手続きが終わるのをしばらくの時間、待つこととなりますが、暗号資産の口座開設は、すべてインターネット上で完結します。

　パソコンかスマホさえあれば、いつでもどこでも手続きが可能です。

　口座開設の手順は、概ね次ページのとおりです。

　基本的には銀行や証券会社での口座開設と同じ手順になります。個人情報の入力もそうですが、取引目的や投資経験などについても確認されるため、虚偽の申告をしないように気をつけましょう。

　本人確認は顔写真付きの身分証を画像データとして提出し、これと併せて自分の顔をカメラ撮影で認証する形式が一般的です。書類手続きに慣れている人は逆に手間に感じるかもしれませんが、案内に従ってパソコンやスマホなどの操作をすれば簡単に手続きできます。

　多くの場合、本人確認のためのハガキを登録住所で受け取ることで口座開設が完了するので、ハガキの受け取りを忘れないように注意しましょう。

　口座を開設して銀行から日本円を入金すれば、いよいよ取引がスタートです。

図2-4 ● 口座開設手順の一例

1. アカウント作成

まずは取引所のアカウントを作成します。メールアドレスの登録と同時に送られてくる案内に従ってパスワードの設定や電話番号の登録を行うだけで完了します。この時、GoogleやFacebookなど、すでにあるサービスアカウントを使って作成することもできます。

2. 口座開設申込

アカウントの作成が済むと、そのまま口座開設の申込み手続きに入ります。名前や住所、生年月日といった基本情報に加えて、収入や金融資産に関する情報、取引の経験や目的に関する情報などを簡単な操作で入力していきます。

3. 本人確認

次に本人確認です。受付書類は取引所によって多少異なりますが、免許証やパスポート、マイナンバーカードなどの顔写真付き身分証を画像データとして提出します。また、提出した身分証と自分の顔を併せてその場で撮影するなどの追加的な本人確認もあります。

4. 銀行口座の登録

審査を通過して口座開設が完了したら、銀行口座の登録をしましょう。ほとんどの取引所では提携先との関係で銀行ごとに入出金の手数料に差があるため、事前に確認しましょう。

取引開始

登録した銀行口座から日本円を取引所の口座に入金すると、取引を開始することができます。

暗号資産取引の始め方②

取引所方式か
販売所方式かを決める

取引所方式と販売所方式の特徴

　取引所と販売所、どちらの役割も兼ね備えている暗号資産交換業者の場合、口座を開設し、取引所のサービスページを訪れると、「取引所」と「販売所」のいずれかの方式が選べるようになっています。

　取引所と販売所では、取引する相手も、取引にかかる手数料も、取引できる暗号資産の種類も異なります。これらの違いを正しく理解したうえで、どちらで取引するのかを選びましょう。

　それぞれの特徴を見ていきましょう。

① 取引所方式

　取引所方式では、取引所がユーザー同士の取引の場を提供し、そこでユーザー同士が直接売買注文を出して暗号資産を取引します。個人同士で条件（需要と供給）が合えば売買が成立し、売買の需要と供給が合わないと取引は成立しません。

　取引所方式では、ユーザーの注文が板状の一覧表のように並ぶことから、取引は「板取引」と呼ばれます。

　取引ページの画面には、売買注文が無数に並んでいて、買い注文の最高価格と売り注文の最低価格とがマッチングすることによって、それらが順に成立していく様子がわかります。

　取引所方式では、売買するたびに手数料がかかりますが、販売所方式に比べると、低く設定されています。

図2-5 ● 取引所方式の画面例

画面：Coincheck（WEB）

　取引所方式の画面では、左側に注文画面、右側に取扱銘柄、中央の板に赤色の売り注文と緑色の買い注文が並んでいます。

　売り注文の最低価格と買い注文の最高価格がマッチングすることによって取引が順に成立していきます。

　たとえば、即時に売りたい時には今出ている売りの最低価格よりも安い価格で、かつ買いの最高価格に近い価格で注文する必要があります。

② 販売所方式

販売所方式では、ユーザーが取引所を相手に暗号資産を取引します。

販売所の画面にいくと取引所が提示する売買価格がそれぞれ表示されており、ユーザーは取引数量もしくは取引金額を入力することで簡単に、確実に暗号資産を売買することができます。

初心者でも気軽に利用することができ、流動性が低いものでも売買が成立します。ただし、希望する価格で取引が成立するとは限りません。値動きが激しくなることもあります。

また、取引所が提示する売買価格には手数料が上乗せされるため、取引手数料が取引所方式に比べて高くなっています。

販売所方式の画面では、上側に取扱銘柄、下側に注文画面があります。取引所方式と違って、希望する取引の数量を入力するだけで、その時点での売り買いの価格が表示されます。表示価格に了承すれば販売所と即時に取引することができます。

取引所と販売所はどちらが良い悪いというものではありません。それぞれの特徴を踏まえて、取引の経験や用途に応じて使い分けていくことが大切です。

図2-6 ● 販売所方式の画面例

画面：Coincheck（WEB）

暗号資産取引の始め方③

暗号資産の取引ペアと
取引単位について確認する

📦 売買は法定通貨と暗号資産で行う

　暗号資産の取引では、BTC/JPY、ETH/JPYといった表記がされます。

　これは、通貨の為替、たとえばドル円（USD/JPY）やユーロ円（EUR/JPY）などの通貨ペアと同じように取引ペアを示しています。

　BTC/JPYは、ビットコインを買って日本円を売る、またはビットコインを売って日本円を買うという取引を示し、ETH/JPYは、イーサリアムを買って日本円を売る、またはイーサリアムを売って日本円を買うという取引を示します。

　日本国内の暗号資産取引所では、取引ペアのほとんどが日本円建て（○○/JPY）となっています。 どの取引ペアも日本円で価格が変動するため、日本円を増やしたい時にはメインで取引することになるでしょう。

　一部ではビットコイン建て（○○/BTC：別の暗号資産をビットコインで売買する）やイーサリアム建て（○○/ETH：別の暗号資産をイーサリアムで売買する）の取引ペアを提供しているところもあります。この場合、日本円での値動きはわかりづらいですが、特定の暗号資産の量を増やしたい時に使うことになります。

◇ 海外と日本では売買状況が異なる

　海外と日本では取引銘柄数も取引ペアも環境が大きく異なっています。

　まず取引銘柄数については、日本で取引できるのが約80銘柄なのに対し、海外では1000を超える遥かに多くの銘柄を取引することができます（2023年10月時点）。これは、日本では金融庁が承認したものだけが取引できるのに対し、海外では取引が開始されてから善し悪しを考えるという規制方針の違いがあるためです。

　暗号資産の取引ペアについても、日本と海外では状況が大きく変わります。

　日本と同じく米ドルやユーロなどの法定通貨建ての取引ペアもありますが、それと並んで「ステーブルコイン」（Chapter 5参照）という法定通貨と価値が連動した暗号資産建ての取引ペアが人気となっています。とくに「USDT」や「USDC」といった米ドル連動型のステーブルコイン建ての取引ペアが主流です。

　また、海外では取引銘柄数が多い分、暗号資産同士の取引ペアも多く取り扱っています。

　このように海外に目を向けると、数多くの暗号資産が取引されています。ビットコインやイーサリアムなどがメジャーですが、マイナーなものも中にはあります。マイナーな通貨ほど値上がりは期待できますが、その分、値動きが激しいため、最初のうちはメジャーな銘柄を選ぶことをおすすめします。

　取引ペアについても、マイナーなものは取引参加者が少なく変動幅が大きいため、まずはメジャーな法定通貨建ての取引から開

始すると良いでしょう。

◈ 1単位あたりの価格（取引単位）は常に変動する

　1単位あたりの価格は需要と供給によって変動します。BTC/
JPYであれば、ある時点の価格が1BTCあたり○○円という形で
表示されます。価格の幅に限りはありません。

　そのため、価格が数百万円にもなることもあります。**本書執筆
時の1ビットコイン（BTC）の取引価格は400万円台（2023年
10月前半）でした。**

　1単位あたりの価格が高額だと、投資するにはまとまったお金
が必要になり、取引ができないと考えてしまう人も多いでしょう。

　しかし、実際は取引ペアごとに小数点以下の最小取引単位が定
められていて、どの取引ペアも数千円から数百円単位で取引でき
ます。

　最小購入額が0.0001BTCのビットコインの場合、1ビットコ
インの取引価格が400万円の時は、400円でやりとりすることが
できるということです（手数料が別途かかる）。

　なお、暗号資産の最小取引単位は同じ取引ペアであっても取引
所によって異なります。

　いくつかの取引所で口座をつくっておき、取引を始める前に確
認し、よりお得な条件で取引できるようにしておきましょう。

＜参考＞最小取引単位（Coincheckの場合）

●取引所取引の場合

最小注文数量は、以下のとおりです。

・BTC/JPY：0.005 BTC以上かつ500円（相当額）以上から
・ETC/JPY：1.0 ETC以上かつ500円（相当額）以上から
・LSK/JPY：1.0 LSK以上かつ500円（相当額）以上から
・MONA/JPY：1.0 MONA以上かつ500円（相当額）以上から
・PLT/JPY：100 PLT以上かつ500円（相当額）以上から

●販売所取引の場合

購入/売却ともに円建てで500円相当額、BTC建てで0.001
BTC相当額。
※PCからブラウザでCoincheckをご利用時のみ、最小注文数
　量未満の売却が可能。

※Coincheckヘルプセンター「注文数量について」を基に著者作成

暗号資産取引の始め方④

暗号資産を購入する

◈ まずは取引所取引から

さて、暗号資産の取引を始める前に知っておきたいことを確認しました。これまでの話を踏まえて、実際に暗号資産を購入してみましょう。

個人で扱うウォレットについても先ほど説明しましたが、これから暗号資産投資を始める人はまず、取引所を利用するようにしましょう。

金融庁に登録されている取引所の中から、自分の希望する取引ができる取引所を選びます。

暗号資産の取引はネットやアプリで操作することになるため、取引ツールの使いやすさなどで選ぶのも良いかもしれません。

取引所を選択したら、銀行や証券会社における口座開設に似た手続きで暗号資産取引の専用口座を開設しましょう。

取引所の場合は、ウォレットの秘密鍵を代わって管理してくれるので、従来のインターネットサービスと同様にアカウントのIDとパスワードだけを忘れずに保管するようにしましょう。

口座を開設して銀行口座から入金したら、いよいよ暗号資産の購入です。

　株式や為替など他の取引で慣れている人は取引所方式から取引を開始しても問題ありませんが、**初めて投資をする人は販売所方式のほうがわかりやすくて安心です。**

　また、初めて購入する銘柄は時価総額の大きいビットコイン、もしくはイーサリアムをおすすめします。コインチェックの場合、どちらも500円相当額から購入ができるので、まずは少額から取引を始めてみると良いでしょう。

　最後に、暗号資産の取引に慣れてきたら、個人用のウォレットを使うかどうかを検討してみてください。

取引所のリスク対策①

コールドウォレットで資産を管理する

◇ 取引所で行っているリスク対策は年々強化されている

これまで暗号資産取引所における取引について述べてきましたが、取引所を活用する以上、取引所が抱えるリスクについても知っておく必要があります。

取引所を利用するということは、取引所に資産を預けている状態であるということです。取引所に何か問題が発生した時には、自分の資産を引き出せなくなる可能性があります。

実際、マウントゴックス事件やコインチェック事件など、国内の取引所が外部からのハッキング攻撃を受けて大規模な資産流出事件が起きたこともありました。その時のネガティブなイメージが残っている人も多いでしょう。

取引所のセキュリティ体制は年々強化されており、ハッキングのリスクなども、以前より抑えられるようになってはいますが、完全に抑えることは不可能です。

取引所がどのようなリスク対策を行っているかを知ることで、口座を開く際の判断基準となり、より安全に自身の暗号資産を売買、活用することができます。

◇ ホットウォレット、コールドウォレットを使い分ける

取引所がハッキング被害にあった時、「ホットウォレット」と「コールドウォレット」という言葉が話題になりました。これら

の違いは、先ほども触れましたが、インターネットに接続されているか否かです。取引所はこの2種類のウォレットを目的に合わせて使い分け、顧客の資産を保全しています。

ホットウォレットは、インターネットに接続された状態で暗号資産を保管するウォレットです。オンライン状態であるため、ハッキングの攻撃を受けやすいというデメリットがある一方で、リアルタイムに取引を処理することができるというメリットがあります。取引所では、顧客向けに取引の利便性を確保するために、一部ホットウォレットを使っています。

一方、コールドウォレットは、インターネットとは切り離された状態で暗号資産を保管するウォレットです。オフライン状態であるため、資産を動かすのに多少の時間がかかるというデメリットがある一方で、ハッキングリスクを回避することができるというメリットがあります。取引所では、顧客資産を守るためにコールドウォレットも使っています。

国内において取引所に対する規制がまだ整備されていない時には、ほとんどの預かり資産がホットウォレットで管理されていました。そのため、当時のセキュリティ対策水準の低さもあってホットウォレットを狙ったハッキング事件が多発していました。
しかし、こうした経験をもとに法律や省令、自主規制などが整備され、今では取引所における資産管理のルールが定められています。
現在では、顧客から預かる暗号資産の全量のうち95%以上を、取引所はコールドウォレットで管理することが義務づけられてい

ます。

　残りの5%以下はホットウォレットで管理することが許されていますが、同種同量を顧客資産とは別に取引所が保有する自己資産としてコールドウォレットで保有することを義務付けられています。

　つまり、取引所は顧客から預かる資産と自分たちの資産をきちんと分けて管理しているということです。

　そのうえで、少なくとも顧客資産と同じ金額・量の資産をハッキングリスクの小さいオフライン状態のウォレットで管理するルールとなっています。

　このような分別管理の仕組みによって、万が一、取引所がハッキング被害に遭っても顧客資産が守られるようになっています。

内部の資産管理のセキュリティ強化を図る「マルチシグ」

❑ 複数の電子署名を必要として管理を厳重にする

取引所では「マルチシグ」という複数の電子署名による暗号資産の管理も行われています。

暗号資産を移動する際には秘密鍵による署名が必要であると先ほど説明しました。

通常はアドレスに紐づく1つの秘密鍵で問題ありませんが、**マルチシグを活用し、複数の秘密鍵による署名を必要とすることで、秘密鍵を失うことによる暗号資産の紛失リスクを抑えることができるほか、暗号資産を複数人で共同管理することも可能となります。**

マルチシグのメリットについて具体例を用いて説明していきましょう。

マルチシグにはいくつかの方式がありますが、最もメジャーな方式は「2 of 3」と呼ばれるものです。これは1つのアドレスに対して3つの対応する秘密鍵を生成し、2つの秘密鍵による署名が揃った時点で、そのアドレスに紐づいた暗号資産を移動できるようになるというものです。

たとえば、この「2 of 3」方式のアドレスを生成して、1つの秘密鍵をAさんが、もう1つの秘密鍵をBさんが、残る1つの秘密鍵をCさんが管理するとしましょう。

Aさんが自分の不注意で1つの秘密鍵を紛失したとしても、残るBさんとCさんの秘密鍵によって暗号資産を取り出すことがで

きます。また、Bさんが勝手に暗号資産を移動しようとしても、1つの秘密鍵だけでは暗号資産を動かすことができません。

　このようにマルチシグは取引所の内部における資産管理に役立っています。資産を動かしたい時に複数の責任者による複数の署名を必要とすることによって内部の不正を防いでいるのです。

◈ マルチシグ以外の共同管理の仕組み

　現在、国内の取引所のほとんどはマルチシグによって、暗号資産を管理しています。取り扱う暗号資産によっては、アドレス形式がマルチシグに対応していないものもあります。その場合であっても、取引所は特定の部門や権限者グループだけで秘密鍵の情報を管理したり、自社のセキュリティシステム上で複数の承認作業を設定したり、様々な方法による共同管理の仕組みを整えて資産を守る対策を講じているのです。

　取引所は分別管理と共同管理を徹底することでセキュリティを強化しています。

　最後に、取引所の補償体制についてです。海外では、独自に補償基金を準備したり、保険会社を利用したりするところもありますが、日本では、残念ながら暗号資産については銀行の預金保険制度のような投資家を保護する制度はまだありません。そのため、取引所によって万が一の補償に関する方針を公表しているかどうかも様々です。たとえば、コインチェックは、預かった暗号資産での返還が困難な場合には、預かり金額に相当する他の暗号資産、または金銭によって払い戻しを行うことが方針として定められています。

　取引所の補償体制については個別に確認するようにしましょう。

個人でできる
リスク管理

🏠 暗号資産も分散管理が重要

取引所におけるセキュリティ体制は年々改善されているとお伝えしましたが、個人でも暗号資産の盗難と紛失に備えることが重要です。

まず基本的な対策として、暗号資産はできるだけ分散して管理するようにしましょう。おそらく日常的に使うお金も、複数の銀行口座に分けて管理されているはずです。同じく、暗号資産も1つの取引所だけにまとめてしまうのではなく、少なくとも2つ以上の取引所に分けて資産を管理することが望ましいです。

取引所はネット上にあるため、システム障害が発生して売買できない事態となる場合があります。このような時でも、複数の取引所に分散して預け入れておけば、相場急変時の機会損失を減らすことができます。

また、複数の取引所が一斉にハッキングされることは考えにくいため、何かしらの資産流出事件が発生したとしても、被害の規模を抑えることができます。

🏠 個人のウォレットも活用する

取引所で購入した暗号資産の一部を個人のウォレットに移して管理することも有効です。

この場合、**暗号資産の秘密鍵を自分たちで管理する手間はかか**

りますが、コールドウォレットで管理することでハッキングリスクを回避することができます。

　取引所や個人のウォレットで暗号資産を分散管理する際にどのような割合が適しているかは人それぞれです。たとえば、トレーダーのように毎日ある程度の金額を取引する人は取引所での資産管理が中心になるでしょうし、しばらく暗号資産を売ることがないようであれば、大部分をハードウェアウォレットに、定期的に積み立てる分を取引所に置くなどの対応になるかと思います。

　自身の取引のスタイルに合わせて資産の管理方法も工夫するようにしましょう。

◎ ２段階認証は必須と考える

　取引所やウォレットでは、２段階認証などのセキュリティ設定を忘れずに行うようにしましょう。

　２段階認証とは、ログイン時や送金時にID・パスワードによる認証に加えて、SMSや認証コードアプリによる認証を必要とする認証方式です。要するに鍵を二重にかけるということです。

　避けるべきことですが、取引所のログイン時のパスワードが第三者に流出してしまった場合、２段階認証を設定していないと、そのまま第三者にログインされ、取引所に預けてある資産を引き出されてしまいます。しかし、**２段階認証を設定していれば、もう１つの認証情報を入手しない限り、第三者がその資産に手をつけることはできません。**

　個人のウォレットの場合、基本的にはパスワードが漏れても秘密鍵さえ漏れなければ、第三者が別の端末からあなたの資産を動かすことはできません。ただし、何らかの理由で同じ端末にアク

セスされてしまう可能性もあるため、やはり取引所と同様に2段階認証を設定しておくほうが安全でしょう。

2段階認証は、自分で任意設定する必要があります。取引所やウォレットごとに対応している2段階認証の方法が異なるため、アカウント開設時に確認してください。Google Authenticatorなどの専用アプリを使う場合には、端末の紛失や交換に備えて、2段階認証のバックアップを取っておくことも忘れないようにしましょう。

多くの事業者が顧客に対して2段階認証の設定を推奨していますが、そのことに気づいていない、あるいは都度の認証が面倒くさいからと、その設定を怠る人も少なくありません。

しかし、面倒だからこそ、ハッキングされにくいとも言えます。

つい面倒だからと設定を後回しにせず、開設と同時に2段階認証を必ず設定するようにしましょう。

情報管理を徹底する

ソフトウェアウォレットなどでは、何より秘密鍵の情報を第三者に流出しないことが大事です。

情報が外部に漏れてしまう原因の多くは、私たちの注意不足によるものです。

暗号資産に関する怪しげなアプローチであれば、危険を察することができるでしょうが、必ずしもそうではありません。

不審なメールが届いたり、インターネットで探索している途中に怪しいサイトが出てきたりした時は、メールを開いたり、リンクをクリックしたりしてはいけません。そこから、その端末に紐づいている情報が吸収されてしまいます。

このような「当然の注意」が暗号資産を取引する時にも求められています。

Chapter 3

暗号資産にかかる税金について知っておこう

暗号資産を売却または購入・使用する際、利益が出た場合は、原則として、税金が発生します。

暗号資産取引の所得は雑所得に区分され、所得税の確定申告が必要となります。

正しく税金の手続きを行い、納付することで、自身を守ることにもなります。

暗号資産にかかる税金について知っておきましょう。

01 暗号資産は「雑所得」として税金が発生する

🎁 暗号資産の売買で利益が出た時は確定申告が必要

　暗号資産の売買等で発生した利益は、原則として、雑所得に分類され、所得税の課税対象であることが法律で示されています。

　そのため、**暗号資産で利益が出た時は確定申告が必要です。**

　暗号資産の取引にかかる雑所得は、他の所得との合算で計算される総合課税となり、住民税と合わせて最大55％が課税されます。また、確定申告の際に、ほかの所得区分と一定期間の利益と損失を相殺する損益通算ができません。

　一方、証券や外国為替（FX）の取引は、同じ雑所得でありながら、他の所得とは分けて計算される分離課税となり、住民税と復興特別所得税を含めて一律で20.315％が課税されます。損益通算も可能です。

　このように、**現在の暗号資産の税金は、その他の金融取引と比べて負担が大きくなっていることは理解しておきましょう。**

　暗号資産の税金については、国税庁のホームページで基本となるルールが案内されています。

　ここでは国税庁の案内に沿って、暗号資産の取引で税金がかかるいくつかのケースを紹介します。

⬡ 暗号資産売買における損益計算

取引所などで暗号資産を売買した際は、ある暗号資産の売却金額と取得価額の差額でプラスになった分（利益）が課税対象金額になります。

暗号資産売買における損益は、以下の計算式で求めます。

(図3-1 ● 暗号資産を売却した場合の損益額の計算方法)

これは、暗号資産同士の交換の場合にも同様です。

暗号資産と日本円の交換の場合にはわかりやすいですが、暗号資産同士の交換となると、単純に計算することはできません。

それぞれ、次のように考えます。

〈具体例1〉 暗号資産と法定通貨の交換

まずは、暗号資産と日本円（法定通貨）を交換した場合について、お話ししましょう。

5月1日に300万円で3BTCを購入し、28日に44万円で0.4BTCを売却した場合を考えてみましょう。

図 3-2 ● 暗号資産と法定通貨の交換

取 引

| 5月1日 | 300万円で3BTCを購入した |
| 5月28日 | 44万円で0.4BTCを売却した |

※上記取引において取引手数料は考慮しないものとする

所得金額の計算式

取 得 価 額

44万円 － [(300万円 ÷ 3 BTC) × 0.4 BTC] ＝ 4 万円

売却金額 　1BTCあたりの価額 　 売却した数量 　 所得金額

　この時、1BTCあたりの取得価額は、300万円を3BTCで除して100万円になります。

　これと売却数量の0.4BTCを掛け合わせて計算式上の取得価額は40万円になります。

　この金額を売却金額44万円から差し引いた4万円が所得金額になります。

　このように、**売却時点の金額と、取得時点の単位価格で売却数量分を評価した金額との差額が利益になります。**

〈具体例2〉　暗号資産同士の交換

　次に、暗号資産同士の交換の場合について、お話ししましょう。

　この時は、保有する暗号資産をいったん日本円に売却したものとして考えます。

　暗号資産Aで暗号資産Bを購入した場合は、暗号資産Aを売却し、そこで交換した日本円で暗号資産Bを購入するという取引を

行ったとするのです。

　6月1日に200万円で2BTCを購入し、25日に0.2BTCで4ETH
を購入した場合を考えてみましょう。ETH購入時、1BTCあたり
の価格は110万円とします。

（図3-3 ● 暗号資産同士の交換）

取引

6月1日　200万円で2BTCを購入した

6月25日　0.2BTCで4ETHを購入した
　　　　　6月25日時点では1BTC＝110万円だった

※上記取引において取引手数料は考慮しないものとする

所得金額の計算式

取得価額

110万円 × 0.2BTC ー [（200万円÷2BTC）× 0.2BTC] ＝ 2万円

売却金額(ETH購入)　　1BTCあたりの価額　　売却した数量　　所得金額

　この取引は、表向きには保有するBTCでETHを購入するとい
う、1つの取引ですが、実際は、0.2BTCを売却して日本円に換
える取引と、そこで得た日本円で4ETHを購入する取引の2つに
分けることができます。そのため、売却分については〈具体例1〉
の法定通貨との交換における所得計算が必要です。

　具体的に見ていきましょう。

　0.2BTCの売却金額は、その時点の1BTCあたりの価格110万
円を掛けて22万円になります。一方、取得価額は、同じく売却
数量分を取得時点の1BTC＝100万円で評価した20万円になり
ます。これらを差し引いた2万円が所得金額となります。

このように、暗号資産同士の交換であっても、保有分を売却したものとして利益を計算することになります。

　業界団体などが、暗号資産の税金を他と並んで分離課税（その所得単独で税額を分離して計算する方式）に変更するべきだと政府に対して要望を出し続けています。

　今のところ実現していませんが、FX（外国為替）は申告分離課税の対象となっているため、暗号資産も近い将来、分離課税へと変更されるかもしれません。

02 暗号資産で支払いをした 売買でも税金が発生する

暗号資産を使って支払いをすることで 利益が出ることもある

　店舗などにおいて暗号資産で支払いをした際、商品の購入価額と暗号資産を取得した時の価額（取得価額）の差額で利益が出ている時は課税対象になります。

　イメージしやすいように、事例を使って説明しましょう。

〈具体例3〉　暗号資産を使った支払いにおける損益計算

　〈具体例2〉の暗号資産同士の交換の時と同じように、暗号資産を売却し、取得した日本円で商品を購入する取引として考えます。

図3-4 ● 暗号資産で商品を購入

取引

7月1日	100万円で1BTCを購入した
7月23日	0.1BTCで12万円（税込み）の商品を購入した 7月23日時点では1BTC=120万円だった

※上記取引において取引手数料は考慮しないものとする

所得金額の計算式

12万円 － [（100万円 ÷ 1BTC）× 0.1BTC] ＝ 2万円

| 売却金額
（商品購入金額） | 取得価額 | 所得金額 |

7月1日に100万円で1BTCを購入し、23日に0.1BTCで12万円（税込み）の商品を購入した場合を考えましょう。商品購入時、1BTCあたりの価格は120万円とします。

　この取引も、表向きには保有するBTCで何か商品を購入するという1つの取引ですが、実際には0.1BTCを売却して日本円に換える取引と、そこで得た日本円で商品を購入する取引の2つに分けることができます。そのため、売却分については〈具体例1〉の法定通貨との交換における所得計算が必要です。

　具体的に見ていきましょう。

　売却金額は商品の購入金額12万円になります。

　一方、取得価額は商品の購入に充てた0.1BTCを取得時点の1BTC＝100万円で評価した10万円になります。これらを差し引いた2万円が所得金額となります。

　このように、暗号資産で支払いをした売買であっても、保有分を売却したものとして利益を計算することになります。

◈ マイニングで利益が出ることもある

　所得税法上、経済的価値のあるものを取得した場合には、その取得時点における時価をもとにして利益を計算すると定められています。

　暗号資産も「資金決済法」によって財産的価値であると定義されているため、このルールの例外ではありません。

　暗号資産は取引所で購入する以外にも、何かの対価として取得することがあります。その代表例が「マイニング」です。

　マイニングとはコンピュータ計算によって暗号資産の取引を確認して承認する作業を指します。その対価として、ブロックチェ

ーン上で新しく発行される暗号資産と取引で発生する手数料が、マイナー（作業者）に与えられます。

　マイニングによって暗号資産を取得した場合の損益計算について、事例を使って説明しましょう。

〈具体例4〉 マイニングにおける損益計算

　マイニングでは、作業にかかる電気代や機械コストなどを経費として差し引くことができます。

　9月1日にマイニングの報酬として0.8BTCを取得し、その作業に50万円の費用がかかった場合を考えましょう。報酬取得時、1BTCあたりの価格は100万円とします。

図3-5 ● マイニングで暗号資産を取得

```
取引

9月1日    マイニングで0.8BTCを取得した
          マイニングには50万円の費用がかかった
          9月1日時点では1BTC＝100万円だった
```

所得金額の計算式

（ 100万円 × 0.8 BTC ）ー 　50万円 　＝ 　30万円

　取得価額　　　　　　　　　マイニング費用　　所得金額

　この時、所得金額は報酬として得た0.8BTCに取得時点における時価（1BTC＝100万円）を掛けて80万円になります。そこからマイニングの経費として50万円を差し引いた30万円が所得金額になります。

このほか、企業がサービスの利用を広げようと、ある条件を満たしたユーザーに**ポイント配布のような形で暗号資産を無料で配ることがあります。このことを「エアドロップ」と言います**（Column⑤参照）。

　この方法で暗号資産を得た場合も、マイニングと同様に、その取得時点の価額が課税対象金額になります。

　マイニングやエアドロップのように、暗号資産の売買とは違った方法で暗号資産を取得する場合には、つい損益計算を忘れがちになってしまうので注意しましょう。

Column ❺

エアドロップとは？

　暗号資産の市場では「エアドロップ」イベントが度々行われています。企業があるサービスの取引を促進したい時に、一定期間内で一定規模の取引を行ったユーザーに対して、そのサービスで使える暗号資産を配布するなど、無料で暗号資産を配るのです。「エアドロップ」とうたわず、PayPayのポイント還元や新商品のお試しパックなど、暗号資産を取り扱う業者がマーケティングの一環で実施しているものもあります。

　ユーザーにとっても大きなリターンが期待できる機会として注目されます。サービスを利用することで暗号資産が無料でもらえるのは一般的なキャンペーンと同様ですが、もらった暗号資産の値上がりも期待できるのでイベントに参加しない手はありません。

　エアドロップは投資家目線でも押さえておきたいイベントです。

　一方で、中には、参加条件として資産を指定の場所に送金することを要求するようなエアドロップ詐欺も多いため、参加を決める際には慎重に判断するようにしましょう。

図3-6 ● エアドロップの仕組み

無料配布　　　値上がりも期待できる

企業・業者　　　投資家・ユーザー

03 利益（取得価額）を計算しよう

複数回取引した場合の暗号資産の取得価額の求め方

暗号資産の税金は、取引を重ねると、取得価額の計算が複雑になります。

取得価額は1単位あたりの暗号資産価格に取引枚数等を乗じて計算しますが、複数回にわたる取引の場合は、「移動平均法」と「総平均法」、いずれかの方法で求めることになります。

・**移動平均法**
　購入の都度、取得価額を計算する方法
・**総平均法**
　年間で購入した暗号資産を平均して取価額を計算する方法

移動平均法と総平均法では、具体的にどのように利益を計算するのか、事例を用いて説明しましょう。

以下の4つのパターンで、暗号資産を売買した場合の移動平均法と総平均法の計算方法を、それぞれ見ていきます。

暗号資産を売買した4つのパターン
① 20XX年5月1日に1BTCを30万円で購入した
② 20XX年8月1日に1BTCを50万円で購入した
③ 20XX年10月1日に1BTCを100万円で売却した
④ 20XX年11月1日に1BTCを70万円で購入した

① **移動平均法での取得価額の求め方**

移動平均法では購入の都度、取得価額を計算します。

図3-7 ● **移動平均法による計算**

移動平均法

買・売	❶ **買**	❷ **買**	❸ **売**	❹ **買**
年月日	20XX年5月1日	20XX年8月1日	20XX年10月1日	20XX年11月1日
購入・ 売却枚数	＋1	＋1	－1	＋1
保有枚数	1	2	1	2
価格	30万円	50万円	100万円	70万円
平均 取得価額	30万円÷1枚 ＝30万円	(30万円＋50万円) ÷2枚＝40万円	40万円	(40万円＋70万円) ÷2枚＝55万円
利益	－	－	100万円×1枚 －40万円×1枚 ＝60万円	－
			20XX年の実現利益	**60万円**

❶の時点では、1BTCの購入金額である30万円が平均取得価額になります。

❷の時点では、❶の購入時のBTC価格30万円と❷の購入価格50万円の合計（80万円）を数量（2BTC）で割った40万円が平均取得価額になります。

❸の売却時においては、直前の❷の購入の際までに計算された平均取得価額である40万円をもとに損益計算するため、次のとおりになります。

100万円（×1BTC）－40万円（×1BTC）＝60万円が利益

❹の時点では、直近までの平均取得価額40万円に保有量を掛けた金額と**❹**の購入価格70万円の合計（110万円）を数量（2BTC）で割った55万円が新たな平均取得価額になります。
　次にBTCを売却した際には、55万円を平均取得価額として利益を求めることになります。

　このように、移動平均法は取引のたびに取得価額を見直すため、より取引の実態に即した形で年内の利益を把握することができ、その年の所得計算や納税準備を行いやすいというメリットがあります。
　一方で、トレーダーのように年内に何回も取引する場合には計算が煩雑になるというデメリットがあります。

② 総平均法での取得価額の求め方
　総平均法では年間の購入分をまとめて取得価額を計算します。
　❶❷❹の購入額の合計である150万円を数量で除した50万円をもとに計算するため、次のとおりになります。

100万円（×1BTC）－50万円（×1BTC）＝50万円が利益

　このように総平均法は計算が移動平均法に比べて容易であるというメリットがある一方で、年が終わるまでは計算ができず、その年の所得計算や納税準備が難しいというデメリットがあります。また、取引のタイミングなどによって実態と少しずれた利益が算出される可能性があります。

　移動平均法と総平均法では、単年度の実現利益に差額が生じる

図3-8 ● 総平均法による計算

総平均法

買・売	❶ 買	❷ 買	❸ 売	❹ 買
年月日	20XX年5月1日	20XX年8月1日	20XX年10月1日	20XX年11月1日
購入・売却枚数	＋1	＋1	－1	＋1
保有枚数	1	2	1	2
価格	30万円	50万円	100万円	70万円
平均取得価額	価額総額 30万円＋50万円＋70万円＝150万円 平均取得価額 150万円÷3枚＝**50万円**			
利益	ー	ー	100万円×1枚 －**50万円**×1枚 ＝50万円	ー
			20XX年の実現利益 **50万円**	

ことがあります。

　先ほどの具体例では、❹の1BTC＝70万円での購入によって年間取引の平均取得価額が引き上げられてしまったため、総平均法のほうが、利益が小さく計算されました。

　このように説明すると移動平均法のほうがお得なように見えますが、複数年にわたって取引し、すべての資産を売却し終えた時には、どちらの計算方法を選んでも実現利益が一致します。

　このことから一度採用した計算方法は、原則として3年間は変更が認められていません。なお、利益が出ていなくても暗号資産を取得した段階で国税庁あてにどちらの計算方法を選ぶかを届け出る必要があり、届け出をしない場合には総平均法によって評価するという扱いになります。

　損益計算の負担を軽くするために、国税庁のサイトでは、それぞれの計算書をエクセル形式で公開していますので、活用すると

いいでしょう。とくに総平均法については国内の暗号資産取引所が発行する年間取引報告書を用いることで楽に計算することができるので、これから暗号資産取引を始める人にはおすすめです。初心者であっても、年間に数えるほどしか取引しないという人や、ある程度まとまったお金を運用していて事前に税金対策をしたいという人などは移動平均法を選ぶのも良いでしょう。

　これまで暗号資産の基本的な税計算について述べてきましたが、国税庁の案内はあくまでも基本となる考え方になります。

　今では暗号資産で様々な取引ができるようになったこともあり、一部では税計算も複雑になっています。

　そのため、ケースバイケースで考えなければならないことも少なくありません。**わからないことは、まず暗号資産税金サポートサービスや税理士事務所に相談すると良いでしょう。**

Chapter 4

世の中の動きと連動して暗号資産の価格は変動する

暗号資産投資について「買った時より値が下がって損するんじゃないか」と価格変動について不安に思う人も多いでしょう。

たしかに暗号資産は常に値動きしており、その動きも決して穏やかとは言えません。

しかし、値動きの特徴さえ押さえておけば、対策もでき、そこまで怖がるほどのものではありません。

暗号資産の代表的存在と言えるビットコインを参考に、価格変動の要因について知っておきましょう。

暗号資産の値動きの特徴

◈ 短期的には乱高下しても、長期的にはゆるやかに上昇

　暗号資産の代名詞的存在でもあるビットコイン（BTC）。2021年11月には1BTC＝770万円という高値を付けていますが、初めてビットコインが商取引に使われた2010年5月は、数千円ほどの2枚のピザが1万BTCと交換されていました。

　つまり、11年足らずで、ビットコインの価値は数千万倍に跳ね上がったことになります。

　しかしその過程には、紆余曲折がありました。下のグラフは、2017年から2023年10月にかけての1ビットコインの価格推移の状況です。短期的に激しい乱高下を繰り返しながら、長期的にはゆるやかに上昇しているのが見て取れます。

　一時的に価格が下落することはあるものの、中長期的に見れば

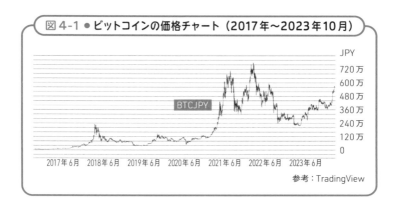

図 4-1 ● ビットコインの価格チャート（2017年～2023年10月）

参考：TradingView

その下落分は回復し、ゆるやかに上昇していく。これこそが、暗号資産の値動きの特徴です。

　暗号資産の動きを短期的に見て「価格が上がった」「下がった」と一喜一憂して慌てないことです。

⬡ 新しいデジタル資産市場として拡大

　暗号資産市場は、初めて取引が行われてからまだ10年余りであり、今なお発展途上です。

　世界的な低金利の状況で金融市場における収益機会も減る中、企業や金融機関は暗号資産に新しいビジネスチャンスを見出そうとしています。各国当局も暗号資産について解決すべき問題はありながら重要な市場であるとの認識を強めています。

　暗号資産は大きな値動きばかりが注目されていますが、それによって投資対象が拡大する可能性を秘めています。これからデジタル空間で様々な価値をやりとりする時に、その手段として暗号資産は活用されます。

　暗号資産市場は、今はまだ金融市場とは切り離されたものとして捉えられていますが、今後は暗号資産が金融市場の一部になることで新しいデジタル資産市場として拡大するでしょう。

02 ビットコインの値動きに市場全体が左右される

◈ ビットコインとアルトコイン

　暗号資産には様々な銘柄がありますが、中でもビットコインの時価総額の大きさ、シェアの大きさは突出しています。

　そのため、**暗号資産はビットコインとその他の「アルトコイン」に大きく分けられます。**

> ビットコイン ⟷ アルトコイン…ビットコイン以外の暗号資産

　暗号資産において、時価総額の大きさ、シェアの大きさは、信頼の証となることから、ビットコインは、アルトコインよりも信頼度が高く、リスクが低いと考えられています。 それだけに、ビットコインの価格が大きく下がるようなことがあれば、市場全体に大きな影響を及ぼします。

　ビットコインの値動きは、暗号資産市場全体の値動きを表す指標とも言えるのです。

◈ 市場の動きはビットコインのドミナンスでチェック

　暗号資産市場全体に占めるビットコインの時価総額の割合を「ドミナンス（Dominance：市場占有率）」と呼びます。単位は「％」で表します。

　ドミナンスは、ビットコインの価格の上下の動きが、暗号資産市場全体の中で単独のものなのか、そうでないかを見極める指標になります。

　下のグラフは、2017年から2023年6月までのドミナンスの推移を示したものです。
　2017年の前半まではビットコインの独占市場であったため、ドミナンスがほぼ100%ですが、2018年にかけて多くのアルトコインが誕生したことで、一気に低下しました。リスクを負ってでも、短期間で大きなリターンを得ようと、新しく生まれたアルトコインで投機的な取引をする人が増え、ビットコインを手放し、アルトコインへと流れたためです。
　その後、2018年1月、ドミナンスは過去最低水準の35%付近にまで下がりました。しかし、そこからまた上昇に転じます。アルトコインに流れた人たちの投機的な取引が一段落し、信頼度が高くリスクの低いビットコインに戻ってきたためです。

図 4-2 ● ビットコインのドミナンスチャート（2017年〜2023年6月）

参考：TradingView

2021年にビットコインが再び大きく値上がりした時も、数多くのアルトコインが新たに発行される中で、投資家が大きなリターンを期待してアルトコインを買いあさり、ドミナンスが急低下しました。今ではアルトコインの種類は2万種類以上にまで増えています。

　ドミナンスは、ビットコインとアルトコインとの間でお金がどのように流れ、市場がどう動いているのかを見る指標にもなります。

　ドミナンスが低下している時、つまり、ビットコインからアルトコインへとお金が流れている時は、市場がリスクオン（高いリターンを狙ってリスクの高い資産に投資したり、リスクの高い取引をしたりすること）に傾いているタイミングであると判断できます。過度にリスクオンでアルトコインが買われすぎた後には急落が起こりやすいため、注意が必要です。

　逆にドミナンスが上昇している時、つまり、アルトコインからビットコインへとお金が流れている時は、市場の関心がより安定した資産に向いているタイミングであると判断できます。下落相場では、多くの投資家がアルトコインを売って資金を逃がすため、価格の底を探るうえで参考になるでしょう。

　ビットコインのドミナンスと価格が一緒に上昇している時は、法定通貨としてのお金が市場に新しく入ってきている可能性が高いので、その後の上昇相場入りが期待できます。

03 ビットコインは 金融危機に強い

◇ 暗号資産は有事の際に脚光を浴びる

暗号資産は、国が発行する法定通貨とは違い、中央管理者（各国の中央銀行。日本でいえば日本銀行）なしで取引ができます。そのため、国や金融機関が麻痺してしまうような有事の際には、暗号資産に注目が集まり、一部では需要が高まります。

暗号資産の代表格であるビットコインは、2008年の誕生から現在（2023年10月）まで、リーマン・ショック、キプロス危機、コロナ禍をきっかけに3度、世界的な注目を集めたことがあります。 いずれも、大きな金融危機に陥った時です。

それぞれご紹介しましょう。

・最初の注目：リーマン・ショックを受けてビットコイン誕生

ビットコインが誕生したのは、2008年10月。その前月には、サブプライムローンというアメリカの低所得者向けの住宅ローンの影響を受けて、アメリカの投資銀行であるリーマン・ブラザーズが経営破綻しました。いわゆるリーマン・ショックです。

リーマン・ショックによる金融危機は、世界規模で連鎖的に広がり、世界中で金融機関への信頼が大きく揺らぎました。ちょうどその折、金融機関をはじめとする第三者を介さずとも個人同士で自由に取引できる電子通貨システム、ビットコインの「ホワイトペーパー」（暗号資産を発行するにあたり、その内容をまとめた提案書）が公開され、2009年1月、世界初のビットコインが

発行されました（Chapter 1 参照）。

・2度目の注目：キプロス危機でビットコインの価値が高まる
　発行後しばらく、日の目を見ることがなかったビットコインですが、2013年3月に転機が訪れます。
「キプロス危機」の発生です（「キプロス・ショック」とも呼ばれる）。
　欧州の実質的なタックスヘイブンの1つ、トルコの南海上にある小さな島国キプロスで、ギリシャ危機のあおりを食って金融危機が起こり、国中が大混乱に陥りました。
　国や金融機関に対する信用はがた落ち。さらに、預金封鎖や預金に対して課税する預金税が実施されることになったため、国外の投資家たちは、キプロスから他の国へ資産を逃がす手段としてビットコインを購入します。
　これにより、ビットコインの価値が一気に高まり、1BTC＝数千円だったものが、1BTC＝10万円を超えて売買されるまで高騰し、世界的に大きな注目を集めたのです。

・3度目の注目：コロナ禍でビットコインの価格が爆上がり
　2020年3月、金融市場に衝撃が走りました。新型コロナウイルスという未知の感染症が拡大したことにより、あらゆる金融資産の価格が暴落したのです。中でも原油価格の下落は著しく、翌4月には、原油の先物価格が史上初のマイナスに転じました。
　ビットコインの価格も一時、50％近く暴落しました。しかし、その後はいち早く下げ幅を取り戻し、2020年末にかけては史上最高値を更新することになりました。
　ビットコインは、新型コロナウイルスという「有事」をきっか

けに、その存在感を増していったのです。

　経済危機の状況下では一般的に、逃避資産として「金」が買われる傾向にあります。

　新型コロナウイルスの感染拡大時も金は逃避資産として人気を集め、2020年8月には、1オンス＝2000ドルを突破して史上最高値を更新しました。ビットコインもまた、金と同じく「有事に強い資産」として認知度が高まってきているといえます。

　このように、暗号資産は金融危機が起きたタイミングで大きな注目を集めてきました。

　日本で暮らしていると、お金を引き出せなかったり、お金を移動できなかったりすることは滅多にないでしょう。しかし、金融危機によって国や金融機関が支える金融システムへの信用が揺らいだ時には、個人同士で自由にお金を移動できる暗号資産の魅力が高まる傾向にあります。

　これから先も10年に1度は世界中に影響が及ぶ金融危機が起こるかもしれません。その時にはビットコインを筆頭に暗号資産が国や企業に管理されない資産として買われるチャンスにもなり得ると覚えておきましょう。

ビットコイン相場の歴史

　ビットコインの価格は、これまでも様々な出来事の影響を受けて大きく変動してきました。

図4-3 ● ビットコインの過去チャート（BTC/JPY）

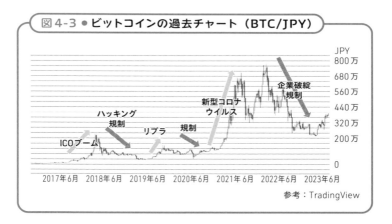

参考：TradingView

　2017年には日本を中心に第一次暗号資産バブルが起こりました。この時にはICO（暗号資産の新規発行による資金調達）の流行によって数多くの暗号資産が発行され、その値上がりとともにビットコインの価格も当時の史上最高値となる200万円台まで高騰しました。

　しかし、2018年に日本で暗号資産取引所のハッキング事件が相次ぎ、これを受けて暗号資産に対する規制が強まり、ビットコインは暴落しました。

　2019年にはメタ（前：フェイスブック）が「リブラ」という

独自の暗号資産プロジェクトを立ち上げたことが話題となり、ビットコインも価格を戻しましたが、米国を中心に各国当局の大反発にあって相場も下がりました。

　2020年から2021年にかけて、米国を中心に第二次暗号資産バブルが起こります。

　新型コロナウイルスをきっかけに大規模な金融緩和によって歴史的な量のお金が市場に溢れ、あらゆる金融資産が値上がりする中で、ビットコインは史上最高値となる770万円台を記録しました。

　その後、2022年には各国が金融引き締めへの転換に動く中、大規模な暗号資産プロジェクトの崩壊や暗号資産取引所の破綻が起こります。ビットコインの価格も暴落しました。

　こうした問題を受け、2023年に入ってからは各国で暗号資産の規制整備が進められています。

　このようにビットコインはバブル的な高騰と事件による暴落、その後の規制強化を繰り返してきました。

04 インフレリスクを回避する 手段としても優秀

◈ ビットコインとインフレ

　2020年末から2021年後半にかけては、ビットコインバブル期と言われています。この時、世界各国において新型コロナウイルス対策として大規模な金融緩和政策が行われたため、世界的なインフレが進行しました。

　インフレとは、インフレーションの略で、日用品やサービスの値段（物価）が上がることをいいます。賃金も上がり、景気が拡大することで物価が上がるのであればまだいいのですが、ときに賃金は上がらないのに物価だけが上がっていくこともあります。これは決して良い状態とはいえないため、対策が必要です。

　コロナ禍ではアメリカを中心に歴史的な量のお金が発行され、現金の価値が相対的に目減りし、インフレのリスクが高まっていました。個人も企業も、余らせていた大量の現金をそのまま現金として保有しているだけでは、インフレリスクに巻き込まれるため、それを回避する必要に迫られました。

　インフレリスクを回避する手段として注目されたのが、ビットコインです。これまでは個人投資家がビットコインを購入していましたが、企業も財務上の損失を防ぐための手段としてビットコインを買うようになります。

　このようにインフレ進行時に企業による購入が進んだビットコインは、コロナ禍を契機として、存在感を強めていきました。この動きは、ますます大きくなると考えられています。

ビットコインは「金」に匹敵する資産

前項で、ビットコインもまた、金と同じく「有事に強い資産」として認知度が高まってきているとお話ししました。

金は昔から、世界中で投資の対象とされています。モノとして劣化しづらいうえ、景気動向に価格がほぼ左右されないことから、リスクを回避するための資産として重宝されるためです。

ビットコインも、金に似た性質を持っています。総発行量と発行ペースがあらかじめ決められており、デジタル資産として形が変わることもなければ、中央管理者も存在しません。

これらの特徴と金を重ねて、今ではビットコインを「デジタルゴールド」と呼ぶ人もいます。

企業がビットコインに投資するのも、この特徴を信頼できると判断しているからなのです。実際、世界的に有名な企業もビットコインに投資しています。

ビットコインを購入した企業は121ページで紹介しています。これらの企業による追加購入や売却は相場に影響を与えることも多いので、とくに上場企業の場合には決算発表の際に保有状況を確認するようにしましょう。

市場拡大の伸びしろは大きい

「デジタルゴールド」として認知度が高まったビットコイン。すでに「いずれは金に取って代わる資産になるのではないか」という議論まで出始めています。

金の時価総額は2023年10月現在、10兆ドルを超えていますが、ビットコインの時価総額は最大でも1兆ドルを超える程度です。

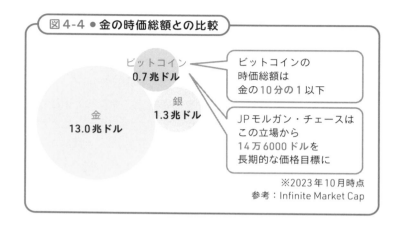

図4-4 ● 金の時価総額との比較

ビットコイン
0.7兆ドル

ビットコインの
時価総額は
金の10分の1以下

銀
1.3兆ドル

金
13.0兆ドル

JPモルガン・チェースは
この立場から
14万6000ドルを
長期的な価格目標に

※2023年10月時点
参考：Infinite Market Cap

　大きな差はありますが、裏を返せば、ビットコインには市場拡大の伸びしろがまだまだあるともいえます。

　ビットコインは持ち運びの難しい金と違って移動が自由で、決済にも使うことができます。今後、あらゆる資産のデジタル化が進む中で、金の時価総額の一部がビットコインに移る可能性はあるでしょう。

＜参考＞ビットコインを購入した3つの世界的企業実例

・Block（ブロック）

　Blockは、Twitter（現X）の創業者であるジャック・ドーシー氏がCEOを務める大手決済企業です。ジャック・ドーシー氏はビットコインの愛好家として知られており、決済アプリでは早くからビットコインの売買に対応しています。

　Blockは2020年10月、5000万ドル相当のビットコインを購入したことを発表し、同時に企業としてビットコインを購入する方法を紹介したホワイトペーパーを公開しました。その後、2021年2月にもビットコインの追加購入を発表しています。

・MicroStrategy（マイクロストラテジー）

　MicroStrategyは企業向けに様々なソフトウェアソリューションを提供するナスダック上場企業です。

　2020年8月にビットコインの購入を発表して以来、ビットコインの追加購入を繰り返しています。ビットコインの購入を目的とした社債発行による資金調達も実施し、今では最も多くのビットコインを保有する企業として知られています。

・Tesla（テスラ）

　Teslaはアメリカの自動車、クリーンエネルギー関連企業です。

　2021年に入ってから投資方針を更新し、現金の代替先の1つにデジタル資産を加えました。この方針のもと、同年2月にはビットコイン決済の導入と併せて、15億ドル相当のビットコインを購入したことを発表しています。

　その後、現金の代替としての流動性を示すため、およそ10％分を売却したとされています。ビットコイン決済の停止を発表してからはさらなる売却の可能性が見込まれています。

新興国でビットコインの需要が高まっている

🔷 新興国でビットコインへの関心が高い2つの理由

ビットコインは新興国からも関心が高まっています。その理由として、次の2つが考えられます。

① 国による金融包摂

金融包摂とは、**経済活動に必要な金融サービスを貧困にかかわらず、すべての人々が利用できるようにする取組み**のことです。

新興国で暮らす人の中には、金融機関の審査が通らず、銀行口座を持てない人が数多くいます。しかし暗号資産は、インターネットができる環境さえあれば、審査もそこまで厳しくないため、誰でも利用できます。そのため、国が率先して、暗号資産の取り扱いを国民に推奨することがあります。

2021年9月、中央アメリカのエルサルバドルでは、金融包摂を第一の目的としてビットコインを法定通貨に追加しました。今後、他の新興国が追随する可能性もあります。

② 自国通貨の代替手段

新興国が発行する自国通貨は、先進国が発行している自国通貨と比べると、どうしても信用度が落ちます。

新興国に住んでいる人の中にも、「自分たちの通貨は大丈夫なのだろうか?」と考えている人は少なくありません。

　現にハイパーインフレ（過度に物価が上昇する現象）が起き、自国通貨の価値が暴落しているアルゼンチンやベネズエラでは、現金ではなく、ビットコインをはじめとする暗号資産を通貨に置き換える動きが起きています。

　このような理由で、新興国で暗号資産への関心が高まっているというわけです。

**　今後、新興国でビットコインをはじめとする暗号資産の需要が高まれば、価格が上昇するきっかけにもなるでしょう。**

　エルサルバドルは準備金を確保するために国としてビットコインを定期的に購入しており、ビットコインなどの暗号資産を保有する国が増えるかどうかも、相場を占ううえでは注目です。

＜参考＞ビットコインを購入した国の実例

・中米エルサルバドルが2021年9月、世界で初めてビットコインを法定通貨に採用。

・中央アフリカ共和国が2022年4月、ビットコインを法定通貨に採用。世界で2カ国目となる。

　他にも、ブラジルやアルゼンチン、パラグアイなど中南米を中心にビットコインを決済手段として認める法案が議論されています。

06 技術アップデートで 期待値が上がり価格も上がる

⬡ 技術のアップデートは、価格に直結する大きな要素

暗号資産の代表格であるビットコインは、価値保存のための資産としてだけでなく、決済機能を備えた通貨としての用途も期待されています。

現状、ビットコインの決済処理速度は1秒あたり7〜8件と、クレジットカードが1秒あたり数千件処理できるのと比べると、レベルが違います。

このような問題を解決しようと、ビットコインでは技術のアップデートが日進月歩で行われています。ビットコインの性能が上がることへの期待感から、ビットコインは購入され、価格が上昇することがあります。

ビットコイン以外の暗号資産についても、技術のアップデートは価格に直結する大きな要素となります。

ここでは、暗号資産の技術アップデートをイベントとして捉えるために必要な知識を身につけておきましょう。

⬡ アップデートには2種類ある

暗号資産の技術アップデートには2種類あります。「ハードフォーク」と「ソフトフォーク」です。

① ハードフォーク

ハードフォークは、大規模なアップデートを指します。

アップデートの前後で互換性はなく、たとえばビットコインでハードフォークが行われた場合、それまでのビットコインとはまったく別物の暗号資産（いわば「新しいアルトコイン」）が生まれることになります。

ハードフォークによるアップデートの内容は、暗号資産ごとの公式サイトなどで発表されることが多いので、発表があった時には確認するようにしましょう。**その内容を市場が肯定的に捉えれば、新たに生まれたアルトコインの価格が上昇し、反対に前身の暗号資産の価格が下がる可能性があります。**

中には開発者同士の意見の対立などによってハードフォークが行われるケースもあるため、どのような理由で暗号資産が大きなアップデートを行うのかには注意する必要があります。

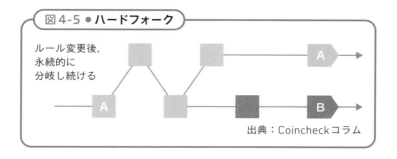

図4-5 ● ハードフォーク

ルール変更後、
永続的に
分岐し続ける

A

A

B

出典：Coincheckコラム

図4-5のように変更前のルールが適用されるAの暗号資産、ブロックチェーンと、変更後のルールが適用されるBの暗号資産、ブロックチェーンでは、互換性がないので永続的に別のものとして取り扱われます。

ここで言うルールの変更とは、暗号資産の決済処理やセキュリティなどに関する技術的な仕様の変更を指しています。

② ソフトフォーク

　ソフトフォークは、アップデートの前後で互換性を持つレベルでの小規模なアップデートを指します。

　一度変更を加え、新しいほうがよければそのまま採用、問題があるようならば元に戻すといった臨機応変な対応が可能になります。

　発生した軽微な問題点を解決したり、バグを修正したりといったマイナーチェンジも含まれます。

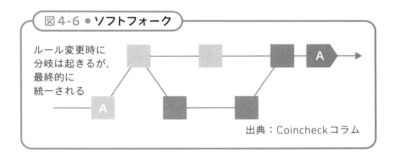

図 4-6 ● ソフトフォーク

ルール変更時に
分岐は起きるが、
最終的に
統一される

A

A

出典：Coincheck コラム

アップデートによって利便性が高まることが期待されるため、市場からは好意的に捉えられ、暗号資産の価格が高まりやすくなります。

　アップデートを加えたことによって、かえって新たな問題が発生してしまうケースもあります。

　投資する際は、ソフトフォーク後も、市場がアップデートをどう捉えているのか、何か問題は起こっていないかを注視する必要があります。

　図4-6のように、ルールの変更前と変更後でAの暗号資産、ブロックチェーンが一時的に分かれても、それらは互換性があるので最終的にはどちらか1つのものに定まります。

　先ほどと同様に、ルールの変更とは、暗号資産の決済処理やセキュリティなどに関する技術的な仕様の変更を指しています。

◇ 段階的に開発を重ね、値を上げるイーサリアム

　段階的に開発を積み重ね、アップデートのたびに市場の期待感を得て値上がりしている代表的な暗号資産が、イーサリアムです。
イーサリアムは、ビットコインに次いで時価総額が大きい暗号資産です。

　2014年の誕生以来、世界中のコンピュータがつながることでネットワークを形成するワールドコンピュータの構築を目指し、コミュニティによって段階的に開発が進められています。

　図4-7の価格チャートからも、イーサリアムがアップデートすることによって価格が上昇している様がうかがえます。

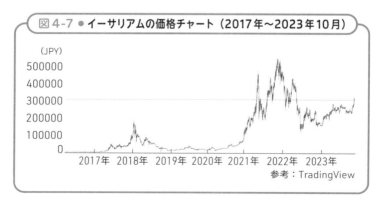

図 4-7 ● イーサリアムの価格チャート（2017年〜2023年10月）

(JPY)

参考：TradingView

さて、これまで暗号資産の技術アップデートの方法やその仕組みについて説明してきました。

　暗号資産が将来的に成長するためには単に投資家が増えるというだけではなく、その技術についても改善を積み重ねることが必要です。それぞれの暗号資産が持つ技術を信頼できるからこそ、投資家の立場として投資しようという判断ができることにつながります。

　自身の投資する暗号資産が技術アップデートに関してどのような計画をしているのかについては、確認するようにしましょう。

07 暗号資産が関連する 環境問題への対応

◈ 膨大な電力消費量をいかに抑えるかが課題

　昨今、環境問題への対応が各国、各企業にとって切実な課題となっています。

　暗号資産の世界も例外ではありません。

　ビットコインの取引は、コンピュータの計算による検証を要します。世界中で多くの取引が行われれば、もちろん必要となるコンピュータも多くなり、かかる電力は膨大な量になります。

　図4-8は、ケンブリッジ大学の研究サイトを参考にした、ビットコインとその他の様々な要素との年間電力消費量の比較です。

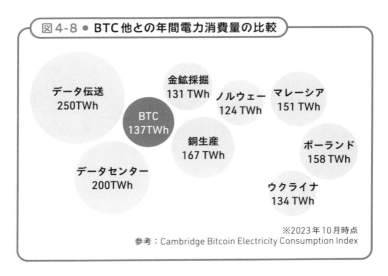

図4-8 ● BTC他との年間電力消費量の比較

データ伝送
250TWh

金鉱採掘
131 TWh

ノルウェー
124 TWh

マレーシア
151 TWh

BTC
137TWh

銅生産
167 TWh

ポーランド
158 TWh

データセンター
200TWh

ウクライナ
134 TWh

※2023年10月時点
参考：Cambridge Bitcoin Electricity Consumption Index

ビットコインのマイニング（コンピュータを使って取引の記録作業に貢献し、その対価として暗号資産を得る行為）にかかる電力消費は、ノルウェーやウクライナといった一国の電力消費量とそう変わらないことが見て取れます。

　また世界中の金鉱採掘や銅生産にかかる電力消費量の合計と比べても大きな差はなく、ビットコインのマイニングも金鉱採掘も銅生産も「資源を掘り起こす」という観点で見れば同じであることを考えると、ビットコインだけを悪者にするのは、ややかわいそうな気もします。

　しかし現実に、ビットコインのマイニングによって大量のエネルギーが消費され、それによって大量に二酸化炭素が排出されて環境が汚染されることを懸念するヨーロッパでは、一部の暗号資産を禁止することを検討しています。

☖ 「PoW」から「PoS」へ

　ヨーロッパが禁止を検討しているのは、ビットコインをはじめとする「プルーフ・オブ・ワーク（Proof of Work。以下、PoW）」関連の暗号資産です。

　PoWは、多くの暗号資産で採用されている仕組みです。膨大なコンピュータ計算によって取引を検証する仕組みのため、マイニングには計算資源を多く持つ者が有利となり、必然的に「性能のいいコンピュータをいかに多く持つか」の戦いとなります。電力の総使用量はかさむ一方で、環境汚染の観点からは、白い目で見られても仕方のないところです。

　そこで、暗号資産の銘柄の中には、PoWから「プルーフ・オ

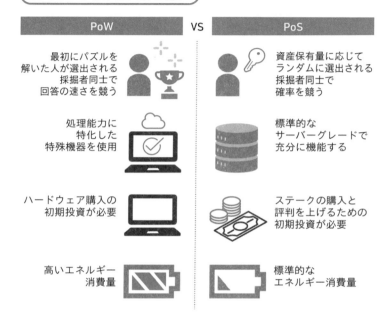

図 4-9 ● PoW と PoS の違い

PoW	vs	PoS
最初にパズルを解いた人が選出される 採掘者同士で回答の速さを競う		資産保有量に応じてランダムに選出される 採掘者同士で確率を競う
処理能力に特化した特殊機器を使用		標準的なサーバーグレードで充分に機能する
ハードウェア購入の初期投資が必要		ステークの購入と評判を上げるための初期投資が必要
高いエネルギー消費量		標準的なエネルギー消費量

ブ・ステーク（Proof of stake。以下、PoS）」への移行を試みるものも出てきています。

　代表的な銘柄が、前項でもご紹介したイーサリアムです。

　PoS は、資産の保有量に応じて取引を検証する仕組みです。もちろん、コンピュータ計算は必要となりますが、その量は PoW とは比べ物にならないほど少なくて済みます。加えて、取引の承認に膨大な計算を必要としないため、前項で触れた処理性能の問題も改善することができます。

　アメリカの環境団体は、「ビットコインは PoW から PoS へ移行すべき」との広告キャンペーンをすでに実施しています。そん

な中、いち早くPoSへの移行を試みたのがイーサリアムなのです。

　イーサリアムは2022年、ついにPoSへの移行を完了しました。当然、市場からは大注目を集めており、その期待感から、PoS移行を果たすタイミングにかけては大きな値上がりを見せました。

　世界的に環境に配慮した投資を促すトレンドにあるため、その観点でもPoS銘柄に対してはより多くの投資家が投資しやすいと言えるでしょう。

08 セキュリティ体制の高さが 購入の安心材料になる

◇ 暗号資産のハッキングの手口

暗号資産が持つリスクの1つに、ハッキングによって資産を失うことがあります。

暗号資産のセキュリティ体制は年々強化されていますが、リスクがないわけではありません。

暗号資産は、中央管理をする存在がないため、誰かが資産を守ってくれるということは基本的にありません。**常にハッキングのリスクと隣り合わせであると考えたほうがいいでしょう。**

暗号資産のハッキングの手口は、大きく次の3つがあります。

・取引所へのクラッキング
・DEX（分散型取引所）やブリッジ（特定チェーン上から異なるチェーン上に移動させること）へのハッキング
・個人ウォレットへの攻撃

とくに多いのが取引所のクラッキングです。被害額が数百億円というものもあります。

暗号資産を選ぶ際は、セキュリティ体制の高さの確認は必須と言えます。

🔷 世界を揺るがした大規模なハッキング事件

　過去に起こった大規模な事件から、ハッキングのリスクを見ていきましょう。

① マウントゴックス事件

　取引所が狙われたハッキング事件で代表的なものが、2014年に起こったマウントゴックス事件です。

　東京を拠点として設立されたマウントゴックスは、市場シェア7割を誇っていた大手暗号資産取引所でしたが、2011年以降複数回ハッキングを受けて大量のビットコインを流出させた結果、2014年に経営破綻しました。被害額が当時のレートで約470億円と巨額であったことや、捜査が進む中でマウントゴックス社のCEOに容疑がかけられるというスキャンダラスな要素もあったことから、信頼回復を図れなかったのも要因でしょう。

　現在でも捜査が続いている未解決事件であり、断定的なことは言えませんが、多くの識者は、事件の原因は同社のセキュリティの甘さにあると指摘しています。当時は、事業者に対する厳しい規制はほとんどなかったことから、管理体制やシステムは極めて低レベルなものであったと考えられます。

② コインチェック事件

　2018年1月にも、国内暗号資産取引所のコインチェックで大規模なハッキング被害が発生しました。ネム（XEM）という暗号資産が大量に流出し、被害額は当時の暗号資産史上最高額となる約580億円に上りました。

　顧客資産の大半をオンライン上で管理していたことが主な原因

として挙げられていますが、それ以外にも、暗号資産取引所としての社内態勢の甘さが浮き彫りになった事件です。

　コインチェック事件によって、日本国内における暗号資産の規制整備が海外に先んじて進み、金融庁指導のもと、国内すべての暗号資産取引所の安全性が見直されました。

③ ザ・ダオ事件

　システムのバグが狙われたハッキング事件の代表例です。

　ザ・ダオは、イーサリアムのネットワークを通じて、非中央集権的かつ自律的に投資を行うという革新的なアイデアを実現する自律分散型投資ファンドです。大きな注目を集め、2016年5月にICO（暗号資産の新規発行による資金調達）を開始し、当時のICOによる資金調達額としては最高額となる約150億円を集めましたが、翌6月に攻撃を受け、約360万ETH（約52億円）を流出させてしまいました。

　被害額が大きかったことに加え、ICO後間もなかったことや、事件を受けて被害者と開発者の間で対立が起こったことなどから、暗号資産が抱える様々な問題が明らかになりました。このザ・ダオ事件が起きた後も、暗号資産のコードの問題を突いた不正事件は起きていますが、今ではコード監査を受けることが常識になるなど、類似事件への対応策は進んでいます。詳しくはChapter 5でお話ししましょう。

④ FTX事件

　ハッキングが直接の原因ではありませんが、2022年に起きた大規模な取引所の破綻事件です。

　米国で暗号資産取引所を運営していたFTXグループがずさん

な社内態勢を理由に破綻しました。同グループは自分たちで独自の暗号資産を発行し、預かった顧客資産を流用することでその価格をつり上げていました。表向きには事業が上手くいっているように見えていましたが、2022年に入ってからの相場の下落に伴い、ついには事業が立ち行かなくなってしまいました。

　FTX事件によって、今では米国を中心に暗号資産取引所などの財務状況や情報開示に関するルールを作ろうという動きが進んでいます。

🔷 フィッシング詐欺

　ここまで挙げた事件ほど大規模ではないものの、個人として被害に遭うリスクがあるフィッシング詐欺があります。

　メールに記されている怪しいリンクをうっかり踏んでしまったがために、情報を抜かれてウォレットに入っている資産を盗られてしまったり、NFT（ノン ファンジブル トークン：非代替性トークン。1つひとつに固有の価値がある資産）を取られてしまったりといった被害が多発しています。

　メールに記されているリンクを踏まないことが、フィッシング詐欺被害に遭わない最善の策となります。

　暗号資産のハッキングリスクについては、2018年に国内取引所で事件が相次いだことから懸念している人も多いでしょう。

　また、2022年に米国で起きた大規模な破綻事件を受けて、暗号資産取引所への信用が置けないという人も多いと思います。

　現在、大きな事件を経験するたびに、暗号資産のハッキングや取引所破綻から投資家を保護するための対策が進んでいます。

09 規制強化の メリット・デメリット

🔷 相次ぐハッキング事件を機に規制が強化

　マウントゴックス事件をきっかけに、2014年以降、暗号資産に対する規制強化が国内外で急速に進みました。

　2015年には、G7（先進7カ国首脳会議）で暗号資産の規制について議論され、マネーロンダリングに関する金融活動作業部会（FATF）が暗号資産に関するガイダンスを公開しました。

　日本では、金融庁内のワーキンググループで暗号資産規制に関する基本方針が話し合われ、暗号資産取引所の登録制などを盛り込んだ「改正資金決済法」が成立。2017年4月に正式に施行されました（同法で暗号資産は「財産的価値を持つ支払い手段」として定義され、これによって日本は暗号資産を支払い手段として法的に認めた世界初の国になりました）。

　その後、コインチェック事件が起きたことで、日本ではさらに暗号資産規制の強化が促されることになります。業界全体を取り締まる自主規制団体、「日本暗号資産取引業協会（JVCEA）」も設立されました。

🔷 規制強化は、市場にとってはリスクでもある

　規制が進むのはいいことのように思えますが、市場は必ずしもそうは受け止めません。規制が進むことはすなわち、自由な取引がしづらくなることを意味するからです。

日本では、規制が強化された2018年、引き締めが強くなったのを嫌った投資家が暗号資産から離れていき、価格が大きく下落しました。

　海外でも同じような動きが見られます。

　2017〜2018年、中国では暗号資産投資が大きな盛り上がりを見せており、暗号資産関連のプロジェクトがいくつも立ち上がっていました。そんな折、中国は、暗号資産取引とマイニングを一切禁止します。国としては、自国資産を外国に持ち出されるのは面白くないですし、共産主義国ゆえ、資産を自国で管理・把握しておきたいという意図があったのでしょう。

　中国が暗号資産取引とマイニングを禁止するという報道が出ると、世界中の投資家は一斉に売りに動き、暗号資産の価格が下落する事態が起きました。

　今後、中国のような暗号資産取引禁止という措置を、他の国が取らないとも限りません。そのような報道が出たら、やはり一定数の投資家は売りに動くでしょう。規制によって業界がクリーンになる一方で、市場にはネガティブな影響として及び、リスクにもなり得ることを認識しておく必要があります。

　FTX事件を受けて、今では米国においても暗号資産の規制が強化されつつあります。これらの規制の動きは短期的には相場に対してネガティブに働くでしょう。

　しかし、市場できちんとしたルールができることによって、より多くの投資家が参入しやすくなるという面はあります。**規制は短期的なリスクでありながら、暗号資産を中長期的に成長させるための重要な要素であるということも理解しておきましょう。**

10 世界的大企業の参入を市場は歓迎している

世界的大企業の参入を市場は歓迎する

規制強化により、ビットコインの価格が低迷していた2019年はじめ、暗号資産業界に衝撃が走りました。

巨大テック企業であるメタ（前フェイスブック）が、暗号資産事業への参入を表明したのです。フェイスブックは同年6月に「Libra（リブラ）」と呼ばれる暗号資産プロジェクトの構想を明らかにし、ホワイトペーパーも公表しました。

リブラはコンソーシアム（企業連合）によって運営されるデジタル通貨プロジェクトで、発表時にはマスターカードやビザ、ペイパルといった決済大手企業や、ウーバー、スポティファイなどのテック大手企業が参加を表明していました。

「これが実現したら、国籍に縛られない、数十億人規模の経済圏ができあがる」と投資家たちの期待感は膨れ上がり、暗号資産市場はリブラへの参加企業が増えるごとに、また、概要が明らかになるごとに値上がりしていきました。

GAFAMのような、数十億人のユーザーを抱える世界的大企業が暗号資産業界に参入すると、市場はポジティブな反応を示すことが明らかになった好例です。

大規模なデジタル経済圏の実現は難しい

さて、大きな期待を背負ったリブラでしたが、実はその後、頓

挫してしまいます。

　想定ユーザー数20億人を超える民間主導の「世界通貨」的プロジェクトであり、国家主導だった世界の在り方を根本的に変えてしまう可能性を秘めていました。そのため、各国の規制当局が強い警戒心を持ったのです。

　とくにアメリカの規制当局は厳しく、当時のフェイスブックのCEOであるマーク・ザッカーバーグ氏を公聴会に呼び出し、マネーロンダリングや消費者保護、プライバシー保護、金融政策への影響といった様々な面での問題を投げかけました。また、各国の反対を受けたこともあり、参加表明していた企業も次々に脱退し、プロジェクトは一時中断となってしまったのです。

　既存の枠組みを壊しかねないリブラは、いわば潰された形となってしまいました。

　その後、プロジェクト名をリブラから「Diem（ディエム）」へと変え、当初の構想に一部変更を加えながらも発行の機会を探っていましたが、2022年1月に断念。**大規模なデジタル経済圏実現の難しさがあらわになりました。**

Chapter 5

暗号資産投資の
これからを学ぼう

最近、ステーブルコイン、セキュリティトークンなど、
新しい仕組みの暗号資産が続々開発されています。
また、暗号資産の技術を応用してノンファンジブルトーク
ン（NFT）というデジタル資産も様々な形で作られて
います。
時代の流れ、世の中の仕組みに合わせて日々進化して
いる暗号資産、デジタル通貨をうまく活用することで、
より効率的に暗号資産投資ができるようになります。
どんな暗号資産があり、これからどんな動きが考えられ
るか、知っておきましょう。
※興味のある項目から読んでいただいてもかまいません。

01 現金的な特徴を持つ「ステーブルコイン」

◎ ステーブルコインは価値を安定的に保つ暗号資産

　ここ最近、ステーブルコインを活用した取引やレンディング（保有している金融資産〈株式や有価証券など〉を貸し付け、その見返りとして金利を得ること）など様々な金融サービスが出てきています。

　暗号資産取引の基軸通貨となっている「ステーブルコイン」を知ることで、取引所以外でも幅広い暗号資産投資を行うことができます。

　暗号資産はかつて仮想通貨と呼ばれていたように、通貨的な存在として見られていました。それはビットコインが個人間でやりとりできる電子通貨システムとして考案されたものだからです。

　ビットコインが誕生してからしばらくの間は「ビットコインは通貨なのか？」という議論がされてきました。しかし、Chapter 1でもお話しした通貨の性質に照らしてビットコインを考えると、ビットコインのボラティリティ（株価や為替などの価格変動率）の大きさが通貨としては適さないとされています。

　このボラティリティの問題を解決して、通貨としての機能を持たせようと誕生したのが、価値を安定的に保つ暗号資産すなわち「ステーブルコイン」です。

　米ドルなどの法定通貨と価値が連動するものが多いです。

⬡ 取引が便利で様々な決済用途に使われている

ステーブルコインは、暗号資産市場における現金的な役割を担っています。

現金は価値の変動が少なく、日常の支払いにも使うことができます。ステーブルコインも価値が安定したものとして様々な決済用途に使われています。

たとえば、暗号資産を取引する際、日本では日本円建てで取引しますが、海外ではステーブルコイン建てで取引することが増えています。これは、ステーブルコインが銀行口座を介すことなくブロックチェーン上で自由に移動できるため、取引が便利になるからです。

また、市場のリスクが高まった時に、日本では暗号資産から法定通貨である日本円に交換することでリスクを回避しようとしますが、海外では暗号資産から同じ暗号資産であるステーブルコインに交換することで過剰なボラティリティを回避します。

今やステーブルコインの時価総額は、ビットコインとイーサリアムに次ぐ規模となっており、暗号資産市場の発展とともに発行量も増えてきました。米ドルに連動したものが大半ですが、ユーロやポンドなどの法定通貨に連動したものも少しずつ増えています。

⬡ 「担保型」と「無担保型」がある

ステーブルコインは、大きく「担保型」と「無担保型」の2つに分かれています。

① 「担保型」のステーブルコイン

　担保型のステーブルコインは、その発行体が利用者から預かった資産を価値の保証となる「準備金」として、それと同じ金額分が発行されます。

　たとえば、100万円分を預かった場合は、100万円分の日本円に連動したステーブルコインが発行されます。

　実物の資産によって価値が保証されていることが取引の安心につながりますが、発行体が準備金を適切に管理していない場合は、ステーブルコインの価値が暴落する恐れもありますので、確認が必要です。

　担保型は、裏付けとなる資産の状況によって、米ドルや円といった法定通貨により価値が裏付けられる「法定通貨担保型」と、暗号資産により価値が裏付けられる「暗号資産担保型」に分かれています。

1 法定通貨担保型のステーブルコイン

　テザー社が発行するUSDT（米ドル）や、サークル社が発行するUSDC（米ドル）などがあります。

　テザー社やサークル社などの発行企業は、流通しているステーブルコインと同じ金額分の米ドルを管理します。発行企業は預かった資産の一部を国債など安定的な運用に回すことがあるため、本当に発行分と同じだけの準備金があるのかが懸念されることもあります。しかし最近では、発行企業が裏付け資産の状況を定期的に開示することによって透明性の問題も改善されつつあります。

2 暗号資産担保型のステーブルコイン

メイカー（Maker。168ページ参照）が発行するDAI（米ドルと連動）などがあります。

ビットコインやイーサリアムなどの暗号資産を担保にしたステーブルコインですが、暗号資産のボラティリティによって担保価値が変動するため、発行する金額よりも大きい額の暗号資産を担保として預かることがほとんどです。これによって急な価格変動時にも米ドルなどとの連動が崩れにくい仕組みとなっています。

主にイーサリアム上（46〜47ページ参照）のサービスで取引に利用されています。

② 無担保型のステーブルコイン

無担保型のステーブルコインは、発行体が定めたルールによって流通量をコントロールするなどして、特定の資産との価値の連動を維持します。

たとえば、1米ドルに対して価値が上振れした時には流通量を増やし、価値が下振れした時には流通量を減らすことで1米ドルの価値を安定的に保とうとします。

特定の企業に頼ることなく、市場メカニズムによって価値を持続する仕組みを実現できますが、急な価格変動の際にはその仕組みが成り立たなくなるリスクがあります。

ステーブルコインは主に海外で流通しており、中でも法定通貨担保型のものが主流となっています。日本ではまだほとんど取引されていませんが、2023年6月にステーブルコインの規則を盛り込んだ改正資金決済法が施行され、今後は日本においても発行と取引が増えていくことが期待されています。

ステーブルコインの仕組みが多様化する中、独自の市場メカニズムによって流通量をコントロールし、法定通貨との価値の連動を目指すステーブルコインが誕生しました。

　しかし、2022年5月に韓国のテラフォーム・ラボズ（以下、テラ）が発行していたTerraUSD（UST。米ドルと連動）の価値が暴落する事件が起こり、無担保型のステーブルコインは各国当局から厳しい目で見られています。

　テラは独自の暗号資産LUNA（ルナ）を裏付けに、LUNAとの1米ドルあたりの交換を保証する形でUSTを発行しました。その取引の中でUSTの発行と焼却を繰り返し、流通量をコントロールすることで米ドルとの連動を維持しようと試みました。しかし、暗号資産市場全体が暴落する中でLUNAも暴落し、価値を保つ仕組みとともにUSTは崩壊しました。

　今でも無担保型のステーブルコインを発行しようとする取組みはありますが、どれも広く取引されているものはありません。**現状、日本でも無担保型の発行は認められておらず、きちんとした規制が整備されるまでは担保型、中でも法定通貨担保型をまずは取引するのが良いでしょう。**

❖ ステーブルコインの規制と整備

　図5-1は主要なステーブルコインの銘柄です。USDTとUSDCでステーブルコイン全体の約8割以上のシェアを占めており、BUSDとDAIも合わせれば約9割に上ります。

　暗号資産の銘柄を選ぶ時と同様に、まずは時価総額の大きいものから取引するようにしましょう。

図 5-1 ● 時価総額上位の主要なステーブルコイン

銘柄	発行元	連動先	仕組み
Tether (USDT)	テザー	米ドル	法定通貨担保型
Binance USD (BUSD)	バイナンス	米ドル	法定通貨担保型
USD Coin (USDC)	サークル	米ドル	法定通貨担保型
Dai (DAI)	メイカー	米ドル	暗号資産担保型
TerraUSD (UST) ※現在は、Terra Classic USD(USTC)	テラ	米ドル	無担保型

　2022年のUST（米ドル連動）の崩壊を受けて各国ではステーブルコインの規制が議論されています。

　アメリカでは、ステーブルコインの発行企業に銀行と同等の規制を敷くべきであるという意見もあり、規制当局を中心にルールの整備が進められています。ユーロ圏や香港、シンガポールなどでも同様の動きがあります。

　日本では海外に先んじて2023年6月にステーブルコインを規制する初めての法律「改正資金決済法（資金決済に関する法律）」が施行されました。

　この法律は法定通貨担保型に関するものとなっており、暗号資産担保型と無担保型については認められていませんが、施行に合わせて国内企業がステーブルコインの発行を検討していくことが予想されます。

　このように各国の規制環境が整うことによってステーブルコインの利用はますます増え、日本でもステーブルコインの取扱いが増えることで暗号資産取引の幅が広がるでしょう。

02 政府が発行を検討している「CBDC」

⬡ 国や政府もデジタル通貨を発行する時代に

最近は国・政府もデジタル通貨の発行を検討しています。中央銀行デジタル通貨あるいはCBDC（Central Bank Digital Currencyの頭文字を取ったもの）で、「中央銀行が発行するデジタル通貨」です。

CBDCは暗号資産ではありませんが、システムの基盤として暗号資産と同じブロックチェーン技術の活用が検討されています。

暗号資産が特定国家の保証を持たないデジタル通貨だとするならば、CBDCは国家の中央銀行が発行し、その価値を保証するデジタル通貨だということができます。

図 5-2 ● デジタル通貨とCBDC

デジタル通貨		
電子マネー	暗号資産	CBDC（中央銀行発行デジタル通貨）
法定通貨をデジタル化したもの	特定国家の保証を持たない、暗号化されたデジタル通貨	国家の中央銀行が発行するデジタル通貨

近年、各国ではCBDCに関する研究や実証実験が盛んに行われています。

　中国ではすでにデジタル人民元が発行されており、2022年の北京オリンピックで試験的に導入されましたし、日本でも、日本銀行が2023年4月からCBDCのパイロット実験を新たに開始しています。

⬡ CBDCの3つの要件

　CBDCは、国によって性格に多少の違いがあります。

　日本銀行の公式サイトでは、CBDCについて次の3つの要件が挙げられています。

> ❶ デジタル化されていること
> ❷ 円などの法定通貨建てであること
> ❸ 中央銀行の債務として発行されること

　この中で最も重要となる要件は❸の「中央銀行の債務として発行されること」です。つまり、現金と同様に中央銀行が供給量をコントロールし、その中で代金の支払いや返済の手段としてCBDCが使用できることが保証されています。

　❶と❷を満たすものは銀行預金や電子マネーなど、すでに存在しています。

　日本銀行では、現金に代わるものとしてCBDCの発行を検討しています。ただし、民間銀行の金融機能への影響が予想されるため、慎重な姿勢を示しています。

◎ 2つの運用方式「ホールセール型」と「リテール型」

図5-3のとおり、CBDCは、金融機関の間で大口決済のみをカバーする「ホールセール型」と、一般利用を想定して小口決済までをカバーする「リテール型」の大きく2つの運用方式に分かれます。

ホールセール型のCBDCは、金融システム全体の効率化が期待されているのに対し、リテール型のCBDCは、国民の生活全体で行われる決済をデジタル化することが期待されています。

図5-3 ● デジタルマネーの分類

		デジタルマネーの発行主体	
以前から存在するもの / 最近のもの（構想段階を含む）		民間	中央銀行
発行の対象	**リテール向け**（消費者や企業など広く一般向け）	銀行預金・電子マネー Tether・Libra など多数	銀行券の代替 一般利用型CBDC（リテールCBDC）
	ホールセール向け（金融機関などに限定）	銀行預金 USC・JPM coin	中銀預金（リザーブ） ホールセールCBDC

参考：日本銀行HP

ただし、どちらも既存の金融システムへの影響やマネーロンダリングの問題などを考えなければならず、日本銀行が実際に発行するまでには、まだしばらくの時間がかかると思われます。

なお、実際に各国でCBDCが発行されることになれば、暗号資産市場において企業が発行するステーブルコインにも影響が及

びます。

　現在、TerraUSD（UST）の崩壊を受けて、ステーブルコイン
に対する信用が低下していることもあって、国が発行するCBDC
のほうが信用できるという人も少なくありません。

　いずれにしても各国におけるCBDC発行の動きは注目したほ
うがいいでしょう。

　中国におけるデジタル人民元の発行の動きが市場で好感された
ように、CBDCの発展は暗号資産と連想されることが多々ありま
す。逆にCBDCによって、ステーブルコインのシェアが奪われ
る可能性もあります。

　この辺りはCBDCとステーブルコインの動きを併せて追うこ
とで、将来の関係性が徐々に見えてくるでしょう。

証券的な暗号資産
「セキュリティトークン」

🔷 暗号資産に証券性が求められるようになった

　暗号資産の数が増える中で、株式と同様に持ち分割合に応じて配当を約束するような暗号資産も発行されるようになりました。**株式などの有価証券を、ブロックチェーン技術を使ってデジタル化したのが「セキュリティトークン（ST）」です。**

　セキュリティトークンによって、これまではなかなか直接投資が難しかった不動産や航空機、アートなどの実物資産への投資が少額から可能になることが期待されています。

　なお、「トークン」とは、暗号資産を分類するうえで便宜的に用いられているもので、広義では暗号資産であるということに変わりはありません。

　セキュリティトークン登場のきっかけとなったのが、2017年から2018年にかけて流行した「ICO（Initial Coin Offering）」という暗号資産の新規発行による資金調達です。

　株式のように保有量に応じた配当を約束することから、投資のリターンとしてもわかりやすく、投資家から大きな人気を集めました。

　しかし、ICOではどんな企業でもホワイトペーパーを書くだけで簡単に資金調達ができたため、中には当初に掲げた事業に取り組むことなくお金だけ持ち逃げしてしまうような詐欺事例が増えました。

　このような被害を防ぐため、株式のような形で活用される暗号

資産については投資家保護の観点から証券に準じた形で取り締まるべきとの声が金融当局を中心に強まりました。

　この時から暗号資産は証券ではないのかという議論が盛んになり、有価証券の性質を持つ暗号資産、「セキュリティトークン」と呼ばれるものが誕生しました。

⬡ 定義や判断基準が国によって分かれる

「セキュリティトークン」の定義や判断基準ついては、現在においても統一的な見方はなく、国によって対応が分かれます。

　アメリカでは、その判断基準の1つとして金融資産の証券性を判断する「ハーウェイ（Howey）テスト」という伝統的な手法を用いています。このテストは、1946年のHowey社訴訟事件の際に裁判所が「投資契約」の判断基準として定めたもので、その取引が証券性のあるものかを、金銭の投資であるか、その投資先が共同事業であるか、その収益性が期待できるかなどをテストすることで判断しています。

　日本では、株式や債券など有価証券の権利をデジタル上に表示するものをセキュリティトークンと定義し、日本STO協会（セキュリティトークン分野の健全な発展を目指す一般社団法人）という国内の証券会社も参加する団体を中心に、既存の有価証券に則ったルールづくりを進めています。2020年5月にはセキュリティトークンが改正金融商品取引法の規制対象となりました。

　ちなみに協会名のSTOとは、セキュリティトークンを活用した資金調達のことを「セキュリティトークンオファリング（Security Token Offering：STO）」と言うことから、名付けられています。

他にもスイスやシンガポール、香港などでは金融当局が独自の
ガイドラインを策定し、セキュリティトークンに関するルールを
暫定的に定めています。

　各国・地域で規制の方針に違いはありますが、セキュリティト
ークンが既存の証券の枠組みに従って発行されるデジタル証券と
して評価されている点は共通しています。

◈ セキュリティトークンのメリットと課題

　セキュリティトークンは、当初、暗号資産の規制を考えるうえ
で、投資家保護のために証券性のある暗号資産を他の暗号資産と
区別して定義づけたものでした。

　しかし、今では証券法に準拠した形での暗号資産発行の手法と
なっており、企業の資金調達や新しい投資手段として注目されて
います。

　実際、従来の株式はもちろんのこと、社債や不動産、アート、
航空機など様々な資産での活用が検討されています。

　図5-4のとおり、**セキュリティトークンを通じて、投資家はこ
れまで投資が難しかった実物資産に対し気軽に投資できるように
なります。**

　企業はセキュリティトークンで資金調達を行うことで資産の小
口化が容易になり、より多くの投資家から資金を集めることがで
きます。これらは分散型台帳で投資家情報と併せて管理されるた
め、管理コストも小さくなることが期待されています。

　しかし、セキュリティトークンでこのようなメリットを実現す
るためには課題も多くなっています。

図5-4 ● セキュリティトークンの実物資産例

ベンチャー企業　美術品・嗜好品　不動産　車・飛行機　映画　ESG

セキュリティトークン

　現状、セキュリティトークンの移転と、その価値の裏付けとなる実物資産の権利の移転は紐づいていません。たとえば、不動産のセキュリティトークンを売買する際にも登記上の権利情報などは別で考える必要があります。

　また、ほとんどの場合、証券の取得勧誘規制によって広く募集をかけることが難しくなっています。他にも二次流通市場の整備や税制上の解釈などの問題があります。

　日本国内でも不動産や社債のセキュリティトークン発行の事例はすでにありますが、広く普及するためには、セキュリティトークンの募集にかかる規制を緩和するなど、今ある課題を解決したうえできちんとしたルールを策定することがまずは必要でしょう。

　これからセキュリティトークンが普及することになれば、あらゆる資産へ効率的に投資できるようになるかもしれません。

「トークンセール」の参加で一攫千金も

⬡ 暗号資産で資金調達をする

暗号資産は単に投資するものではなく、ICOのように資金調達の手段としても使われます。

資金調達者は、暗号資産に関する事業計画をChapter 4（113ページ参照）でお話しした「ホワイトペーパー」として公表し、新しく発行する暗号資産を私募（50名未満の特定の投資家や機関投資家のみを対象とした募集）もしくは公募（不特定かつ多数〈50名以上〉の一般投資家から募集）で売りに出します。

一方、投資家は「ホワイトペーパー」などから事業の将来性を判断してそれらを買います。

この一連の流れによる資金調達を「トークンセール」と呼び、これによって多くの暗号資産が誕生しています。

トークンとは、その性質や用途を強調する意味合いで暗号資産と区別して使われることもありますが、暗号資産と同義になります。株式における新規公開株のように、投資家は新たに発行される暗号資産に投資することで大きなリターンを期待することができます。

トークンセールは、株式の新規上場（IPO）と同じで、市場で新しい暗号資産が売りに出されることです。

図5-5 ● トークンセールの比較表

	IPO	ICO	STO	IEO	エアドロップ
目的	資金調達	資金調達	資金調達	資金調達	マーケティング
仲介	証券会社	なし	金融当局	取引所	なし

※株式の場合

　暗号資産は株式と違って情報開示制度がないため、有望な銘柄の見極めが難しいですが、投資家にとってはIPOのように公開後の一攫千金を狙うチャンスでもあります。ICOでは悪質な事例も多く出ていましたが、その問題を受けて今ではトークンセールの手法が見直されています。

　図5-5の比較表をもとに、トークンセールの手法を個別に見ていきましょう。IPOは、企業が資金調達を目的として証券会社をはさんで株式を投資家に売りに出します。以下に示すトークンセールの手法も、目的や仲介機関によって区別することができます。

① ICO（Initial Coin Offering）

ICOとは、最もシンプルな暗号資産発行による資金調達手法です。

　事業者が任意に条件を定めて、仲介者なしに直接公式ホームページ等から投資家を募ります。スタートアップでも気軽に資金調達できるメリットがある一方で、従来の新規株式上場（IPO）と違って第三者機関による審査がないため、お金を持ち逃げしてしまうような詐欺が起こり得るというデメリットもあります。

図5-6 ● ICOの仕組み

トークンセール（トークンの販売）
暗号資産 ₿
事業者
換金
現金 ¥

投資家
独自トークンを発行 ℗
トークンセールで得た暗号資産 ₿
暗号資産の取引所

参考：InvestNavi

投資家の立場では誰でも公式ページから参加することができますが、自ら発行体の善し悪しを判断する必要があるため注意が必要です。

② STO（Security Token Offering）

STOとは、ICOが証券に似た性質を持つとの指摘から生まれた、暗号資産発行による資金調達手法です。

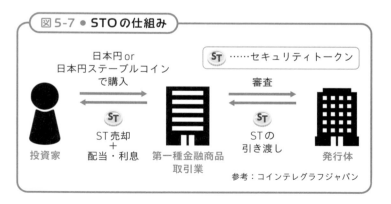

図5-7 ● STOの仕組み

日本円 or
日本円ステーブルコインで購入
ST …… セキュリティトークン

審査

投資家
ST売却 ＋ 配当・利息
第一種金融商品取引業
STの引き渡し
発行体

参考：コインテレグラフジャパン

158

ICOとは違い、各国の証券法に準拠した形でトークンセールが行われます。

規制によって発行体に一定の条件が課されるため、ICOで見られたような悪意ある資金調達を極力防ぐことができます。証券会社を通じて販売されることが多いため、投資家は購入のために専用口座を開設する必要があります。

③ IEO（Initial Exchange Offering）

IEOとは、暗号資産取引所が仲介者として参加する、暗号資産発行による資金調達手法です。

IEOを希望する事業者は、対応する取引所に対して暗号資産に関する事業計画を提出します。取引所はその事業計画を審査したうえで、有望な事業者のトークンセールから上場までをサポートします。

取引所の介在によってICOの問題点を改善しようとするアプローチです。発行体の審査にあたった取引所で販売されるため、投資家は購入のために専用口座を用意しなければなりません。

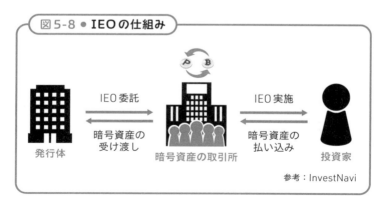

図5-8 ● IEOの仕組み

IEO委託　　暗号資産の受け渡し　　発行体

IEO実施　　暗号資産の払い込み　　投資家

暗号資産の取引所

参考：InvestNavi

④ エアドロップ（Airdrop）

　先ほどもお話ししたとおり、**エアドロップとは、発行体が無償 あるいは特定の条件でユーザーに暗号資産を配ることです。**

　資金調達手法ではありませんが、事業者が新しくユーザーを増 やしたり、サービスの利用を促進したり、主にはマーケティング 手法として利用します。誰でも条件を満たすことで簡単にエアド ロップを受け取ることができるため、事業者が行うキャンペーン 情報を確認するといいでしょう。

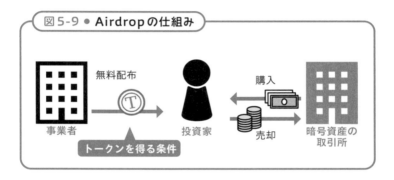

図5-9 ● Airdropの仕組み

無料配布　　　　　　購入

事業者　　　投資家　　売却　　暗号資産の
　　　　　　　　　　　　　　　取引所

トークンを得る条件

　上記の他にも、投資家保護をはじめとして参加の公平性や取引 の透明性などを確保するべく、新しいトークンセールの方法が模 索されています。

　これらのトークンセールに参加して大きな利益を狙うこともで きますが、その際には株式と同様に上場後に値動きが荒くなるこ ともありますので注意しましょう。

05 イーサリアムがなぜビットコインの次に注目されるのか

⬡ イーサリアムがビットコインの次に注目される理由

ビットコインに次いで時価総額が大きい暗号資産が「イーサリアム」です。

イーサリアムは数ある暗号資産を発行する基盤として広く使われており、多数のブロックチェーンアプリが作られています。

分散型金融（DeFi）やノンファンジブルトークン（NFT）といった最新トレンドもイーサリアムを中心に生まれています。

イーサリアムの理解を深めることで暗号資産やデジタル資産の広がりが見えてくるため、投資もしやすくなるでしょう。

イーサリアムはヴィタリック・ブテリンというロシアの若き天才が考案したブロックチェーンです。今では「イーサリアム財団」という、イーサリアムの構想に共感する有志の人たちによって立ち上げられた財団により開発が進められています。この財団には考案者のヴィタリックも所属しています。

イーサリアムは通貨として考案されたビットコインと違い、様々なアプリケーションを開発するための基盤として機能します。それらのアプリはブロックチェーン上でつくられることから、分散型アプリあるいはDApps(Decentralized Applications)とも呼ばれます。

イーサリアムの最大の特徴は「スマートコントラクト」というプログラムをコンピュータとしてブロックチェーン上で実行でき

ることです。この機能によってあらゆる取引を検証可能な形で自動化することができ、暗号資産の発行から、それを使った多様な取引までが実現しています。

🔲 イーサリアムの開発は道半ば

　イーサリアムの活動は、イーサリアム財団が2014年7月にICOで資金調達したことからスタートしました。

　世界中の誰もが使える分散型のワールドコンピュータになることを目指して、現在もその性能を高めるための開発が財団を中心に行われています。

　コンピュータとして複雑かつ大量の取引を、高速かつ低コストに処理できるほどの性能がまだ十分ではないことから、取引が増えると送金遅延や手数料の高騰が起きてしまうため、問題を解決すべく計画的に開発を進めています。

　最近では「イーサリアムキラー」と呼ばれる競合のブロックチェーンも現れていますが、イーサリアムはコミュニティ内での開発が強いために今でも時価総額2位の立場を明け渡していません。

　これからますます多くのDAppsがイーサリアム上に作られて利用が増えれば、暗号資産としてのイーサリアムの価値もより高まっていくことでしょう。

Column ❼

イーサリアムの開発計画と技術改善

　イーサリアムは、もともとビットコインと同じコンピュータ計算によって取引検証を行うプルーフ・オブ・ワーク（PoW）という仕組みを採用していましたが、2022年に資産の保有量に基づいて確率的に取引検証を行うプルーフ・オブ・ステーク（PoS）という仕組みへ移行しました。このアップデートによって検証にかかるコストが小さくなり、取引の処理性能が向上すると期待されています。

　他にも「シャーディング」という取引の並列処理の仕組みも導入する予定です。これは検証者を複数のグループに分けて取引を分担して処理することで、ネットワークの負荷を減らします。

　創設者のヴィタリック・ブテリンはシャーディングの導入を含めてさらに4段階のアップデートを構想しており、最終的には秒間で10万件の取引を処理できるようになると述べています。

　イーサリアムでは本体のブロックチェーンを拡張するだけではなく、「レイヤー2」と呼ばれる、本体以外のところで取引を効率的に処理するような仕組みも導入が進んでいます。

　たとえば、イーサリアムの本体以外で複数の取引を処理し、結果だけをまとめて本体に記録する技術があります。これによりイーサリアム本体では1000円以上かかる手数料が、レイヤー2を利用すれば100円以下の手数料に抑えられたりします。

　このように、イーサリアムは複雑な取引にも耐えられるように様々な方法で技術改善を図っています。

誰もが簡単に利用できる 分散型金融「DeFi」

🔷 金融機関を介さず誰もが簡単に利用できる

イーサリアム上では様々な分野のDApps（分散型アプリ）が開発されていますが、その中でも大きい部分を占めるのが分散型金融、DeFi（ディーファイ：Decentralized Finance）と呼ばれるものです。

DeFiとは、ブロックチェーン上に開発された金融関連のアプリケーションやシステムのことを指します。金融機関を介さず暗号資産の売買や信用取引、レンディング（保有している仮想通貨を取引所などの第三者に貸し付けることで、貸借料を得られる仕組み）といった金融取引を行うことができます。

新しい金融市場として注目され、従来の金融市場と比べて収益機会が大きい一方で、取引する際のリスクも潜んでいます。

まだまだ一般利用するには難しい市場ですが、DeFiの基本を学ぶことで暗号資産投資の視野を広げていきましょう。

これまでは、何か金融取引をする際、金融機関が取引者の間に立って取引の信頼性を担保していましたが、DeFiではスマートコントラクト群がその役割を果たします。

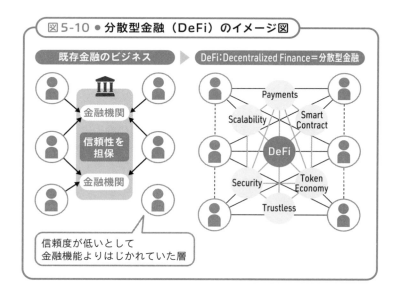

図5-10 ● 分散型金融（DeFi）のイメージ図

DeFiでは銀行のような厳格な本人確認を必要としないため、通信環境と対応するウォレットさえあれば誰でも簡単に利用することができます。

これにより**銀行口座を持つことができない人たちでも様々な金融サービスを利用することができ、金融包摂を促進すると期待されています。**

また、取引によって得られる収益性が高いことも注目されています。世界的に低金利の環境が続く中、銀行の預金金利は年利でほとんど0％に近いですが、DeFiのレンディングでは年利で数％、中には10％を超えるものもあります。

DeFiのサービスごとに独自の暗号資産を発行しているものも多く、その値上がり益も期待できます。

◈ DeFiが持つ様々なリスク

　DeFiには様々な期待できるメリットがある一方で、次のようなリスクもあります。

1　リターンは、取引する暗号資産そのものの価値に依存することが多い。サービス上で示される利回りなどを鵜呑みにしないこと。
2　基本的にスマートコントラクト（35ページ参照）に依存しているので、何かコードに脆弱性があればハッキングの標的となる。
3　誰かがサポートしてくれるわけではないので、何か問題が起きた時には自己責任になることがほとんど。
4　利用のハードルが高い場合もある。

　日本でDeFiを利用する際は、取引所にて日本円でイーサリアムを購入し、DeFiに対応するウォレットを用意し、そこにイーサリアムを送金しなければなりません。

　現在は、金融や技術に詳しい一部の人が利用している程度で一般利用には課題も多くありますが、最近ではDeFiに対するコード監査が進み、粗悪なサービスをある程度見極めることができるようになりつつあります。

　さらに、DeFiの対応ウォレットがクレジットカード決済に対応したり、取引所がDeFiへのアクセスをサポートしたり、DeFiを利用しやすい環境は少しずつ整っています。大手格付機関S＆PがDeFiに格付を付与するなど、今後は機関投資家の参入も期待されます。

07 DeFiにはどのような サービスがあるのか

🔷 DeFiの主なサービス

DeFiにはどのようなサービスがあるのか、具体的に見ていきましょう。DeFiを取引するうえで必要な要素です。

① メタマスク（Meta Mask）：ウォレット

あらゆるブロックチェーンと、その技術を使ったDAppsに対応した暗号資産ウォレットのことです。

ウォレットとして暗号資産の残高を管理したり、送金の受け取りをすることができるだけでなく、様々なDAppsにアクセスするためのインターフェース（2つを仲介するもの）として機能します。

複数のアドレスを一度に管理することもできるため、使い分けに便利です。ブラウザ拡張版とモバイルアプリ版があり、パスワードを設定するだけで簡単に口座を開くことができます。

② ユニスワップ（Uniswap）：取引所

イーサリアム関連の暗号資産取引所のことです。

ユーザー同士が取引所に流動性を提供し合う（機関に潤沢な資金を提供すること）仕組みによって、第三者の仲介なしに円滑な暗号資産の交換を実現しています。また、誰でも暗号資産を上場させることができます。なお、ユニスワップのようにブロックチェーン上で暗号資産の売買取引を行うことのできるサービスを、

分散型取引所あるいはDEX（Decentralized Exchange）と呼びます。

③ コンパウンド（Compound）：レンディング

イーサリアム関連のレンディングプラットフォームです。

コンパウンドを通じて誰でも暗号資産を借りたり、貸し出したりすることができます。貸借で差し入れる資産はスマートコントラクトにロックされます。また、従来のレンディングサービスでは運営者が利率や担保比率などを任意に定めますが、コンパウンドではこれらもスマートコントラクトによって数学的に管理され、急な価格変動に伴う精算なども自動的に処理されます。

④ メイカー（Maker）：ステーブルコイン

イーサリアム関連のステーブルコインプラットフォームです。

メイカーが発行するステーブルコインは「DAI」と呼ばれ、イーサリアムなどの暗号資産を担保として、米ドルに連動することを目指しています。通常のステーブルコインは発行額と同等の法定通貨を発行企業が管理することで価格を安定させていますが、メイカーはスマートコントラクトが自律的に担保資産の価値とDAIの流通量をコントロールすることでそれを実現しています。

ここでは主要な4つを紹介しましたが、今では1000を超える数のDeFiサービスがイーサリアムを含む複数のブロックチェーン上でつくられています。

DeFiは、その仕組みがオープンであることが特徴であるため、中には有名なサービスを真似しただけのものや、高い金利でアピールしてお金だけを集めるようなものもあります。

DeFiに触れてみようと思った時には、まずは利用者が多くて取引の安全性が高いものから始めるようにしましょう。

⬡ TVLを指標として活用する

TVL（Total Value Locked）は、DeFiに預け入れられている暗号資産の額のことです。

どれだけの流動性が集まっているかを知ることができるため、サービスの人気度を測る指標となります。

TVLが大きいほど利用者も多いということなので、先ほど紹介した主要なサービスを中心に、TVLの大きいものから利用を検討するのが良いでしょう。TVLが小さいものは流動性も低く、取引の安定性やボラティリティが問題になります。

TVLはDeFi市場全体の規模を測る指標としても使われており、2021年のピーク時には約20兆円規模にまで拡大しました。それだけDeFiは暗号資産市場の中でも大きな市場に成長しているということです。

DeFiが広く取引されるまでにはまだまだ解決すべき課題も多いですが、今後も暗号資産が取引される中心的な市場として発展していくと思われます。

唯一無二の資産的価値を
持つデジタル資産「NFT」

⬡ 世界に1つしかないデジタル資産NFT

DeFiと並んで注目されているのが「NFT（Non-Fungible Token）」です。

NFTは日本語で「ノンファンジブルトークン＝代替不可能なトークン」と訳されますが、これを聞いてどういう性質のものかがわかる人は少ないでしょう。

暗号資産が代替可能なデジタル資産であるならば、NFTは唯一無二な資産的価値を持ったデジタル資産と捉えることができます。

つまり、世界に1つしかないデジタル資産ということです。

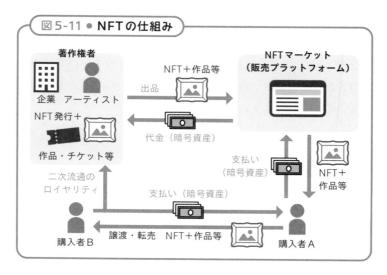

図5-11 ● NFTの仕組み

図5-12 ● NFTとFTの比較

NFT （ノンファンジブルトークン）	FT （ファンジブルトークン）
特徴	・代替不可能 ・それぞれの財が固有の 　性格・価値を持つ	・代替可能 ・一つ一つの財には 　ユニーク性がなく、 　その数量が価値・価格の 　大きさに比例する
事例	アート作品　不動産 ゲーム キャラクター	貨幣　株式 暗号資産

　代替可能とは、同じ価値を持つものとして等しく交換できることを指します。代表例としてはお金です。

　私たちは現金をまったく同じものとして取り扱い、千円札が五百円玉2枚に入れ替わったとしても、支払いにおいて何の問題も生じません。

　ビットコインをはじめとする暗号資産も、そのほとんどが、お金と同じように代替可能なものとして取引されています。

　一方、代替不可能なものとは、芸術品や不動産など、世の中にまったく同じものが存在しないため、等しく交換が難しいものです。また、代替可能なものでも、少し手を加えるだけで代替不可能になります。

　たとえば、サインボールを思い浮かべてみてください。

- **真っ白な野球ボール**
  …誰でも手に入れることができる
- **真っ白な野球ボールに大谷選手がサインをしたもの**
  …世界で唯一の野球ボールとなり、代替不可能になる

　NFTは、この代替不可能なもののデジタル版です。これまでデータは複製可能でしたが、NFTによってあらゆるデータを唯一のものとして管理することができるようになりました。NFTはデータに一意的な記号を与えて区別する技術といえます。

ユーティリティを高めることでNFTの価値も高まる

　NFTがブロックチェーン上で発行されるということも重要な特徴です。

　NFTの用途は、コンテンツとユーティリティ（実用性）に分けることができます。どの分野のコンテンツに紐づけて、それにスマートコントラクトなどでどのような機能をつけるのかという形で整理することができます。

　言ってしまえば、NFTは暗号資産を発行する際の技術的なルールの1つにすぎません。ビットコインなどと同様に、すべての取引を誰でも検証することができます。

　たとえば、メディア等で話題になる機会が多いNFTアート（デジタルアート）であれば、その価値を把握するために、そもそも本物なのか、どのような人たちによってこれまで保有されてきたのか、といったことを確かめることができます。

　また、NFTはスマートコントラクト（35ページ参照）によって、保有者に対する様々な権利、たとえば、限定のサービスを受けられるなどのユーティリティを定めることができます。反対に、何の使い道もないNFTは、一点ものの作品を除けば保有するメリットが薄いでしょう。いろいろな用途を備えたデジタル権利証としても捉えることができます。

　さらに近年、投資対象としても注目を集めています。Dapp-Radar（ダップレーダー。情報サイト）で、2023年11月時点で確認できるコレクション数は3万を超え、今も増え続けていますが、価値が安定的に推移しているものはほとんどありません。

　ビープルというデジタルアーティストの作品「Everydays : The First 5000 Days」は、2021年にNFT史上最高額となる約75億円で落札されました。他にもゲームやスポーツ、コレクションなど様々なデジタルコンテンツがNFTとして高額で取引されています（Column⑧参照）。

　最近はとくにゲームやメタバースへの関心が高まっていますが、NFTの活用方法は世界中が今も試行錯誤しているところで、「最適解」は未だわかっていません。NFTに様々な機能を付けることでユーザーが保有し続ける、すなわち価値を持続させるための仕組みを考えていく必要があります。

　わずか数年で4000億円規模の市場にまで急成長したNFTは、今後も発展していくと思われます。

　NFTの購入を検討する際は、発展途上であるということを認識したうえで短期的な盛り上がりに踊らされず、保有することでどんな付加価値が得られるか、その価値をずっと持ち続けたいかを考えることが重要です。

具体的なNFTの活用事例

　NFTとひと言で言っても、実に多様なジャンル、形で活用されています。ここでは、その代表例をいくつか紹介しましょう。

◎ アート

　アーティストが制作した一点もののデジタル作品をNFT化する取組みです。先ほど紹介したビープルの作品はその代表例で、アーティストの知名度や作品の制作背景などが評価につながります。NFTコレクターとして証明がブロックチェーンに刻まれます。

◎ 音楽

　アーティストの音源をNFT化し、数量限定で販売する取組みです。NFTは二次流通にかかるロイヤリティを設定することができるため、音源の二次流通に伴ってアーティストに収益が還元される仕組みとなっています。世界的なラッパーのスヌープ・ドッグなどが楽曲をNFTとして販売しています。

◎ ゲーム

　ゲーム内のアイテムをNFT化して、プレイを通じてお金を稼げる仕組みを導入する取組みです。ゲーム内では独自の暗号資産を通貨として利用するケースも多いです。「Axie Infinity」というゲームが人気を集めました。最近ではメタバース（仮想空間）上でのアイテムをNFT化する動きも広がっています。

◎ ファッション

ゲームアバターのデジタルファッションをNFT化する取組み
です。ユーザーは保有するデジタルファッションをゲーム内で着
られるだけでなく、NFTとしてマーケットで売買することもで
きます。NFT保有者限定で実物のファッションアイテムを販売
する動きもあります。

◎ スポーツ

スポーツの名選手や名場面を切り取ってNFT化する取組みで
す。ファンがコレクションとしてNFTを集める他、NFT保有者
に選手やチームとの交流イベントへの参加権を与えるものもあり
ます。アメリカのプロバスケットリーグNBAに関連するNFTコ
レクション「NBA Top Shot」が有名です。日本でも、プロ野球
の名シーンをNFTコレクション化する同様の取組みが検討され
ています。

NFTコレクション「NBA Top Shot」

アメリカのプロバスケットリーグNBAを題材としたNFTコレク
ションゲーム。有名選手の名プレイを記録したハイライト動画
が「Moments」というNFTコレクションとして販売され、ユー
ザーはカードパックを購入することでコレクションを集めるこ
とができます。それらは選手の人気度やシーンによってレアリテ
ィ（レア度）が分かれており、マーケットプレイスでユーザー同
士が売買することもできます。日本ユーザーも遊ぶことが可能
なので、興味のある人は調べてみてはいかがでしょう。

◎ コレクション

　数量限定のコレクション画像をNFT化して、コミュニティの会員権として活用する取組みです。NFTコレクションを保有することで、保有者限定のSNSグループに入ることができたり、特別イベントに参加できたり、新しいNFTコレクションなどへの優先アクセス権が得られたり、様々な特典を得ることができます。

　大手クレジットカード会社のビザも購入した「CryptoPunks（クリプトパンクス）」や、海外セレブリティが購入している「Bored Ape Yacht Club（ボアード・エイプ・ヨット・クラブ）」（以下、BAYC）などが有名です。これまで数多くのNFTコレクションが世に出ていますが、「CryptoPunks」と「BAYC」は時価総額ランキングで1位と2位を明け渡していません。まさにNFT界のビットコインとイーサリアムだと言えるでしょう。

2大高額NFTコレクション

「CryptoPunks」と「Bored Ape Yacht Club」
「CryptoPunks」は、ピクセルキャラクター（1個あたり24×24ピクセルで描かれたドット絵）をモチーフとした限定1万個のNFTコレクション。2021年に起きたNFTブームの中で、最古のNFTコレクションとして大きな注目を集め、大手カード会社ビザ（Visa）が約1700万円で購入を発表した後は、1つのコレクションが10億円以上で取引されました。
「BAYC」は退屈そうな猿のキャラクターを絵にした、限定1万個のコレクション。ジャスティン・ビーバーやマドンナ、エミネムなど海外の多くのセレブリティが保有しており、個々のコレクションは数千万円単位で売買されています。

◎ プロフィール

　プロフィールに関する情報をNFT化して、デジタル証明書として活用する取組みです。学歴や資格、ワクチン接種などの証明書をNFTとして保有することで、個人はウォレットを通じてそれらを証明することができます。

　デジタル証明書の蓄積によってデジタルIDを形成しようという動きもあり、将来的には、わざわざ個人情報を入力したり証明書を取り寄せたりしなくても、モバイルウォレット1つで本人確認ができる世界が訪れるかもしれません。

NFTの
購入方法と問題点

🔷 NFTの購入は国内の暗号資産取引所がおすすめ

NFTを購入・出品できるマーケットプレイスとしては、オープンシー（OpenSea）というサービスが世界的に有名です。

オープンシーではイーサリアム上で発行されているほとんどのNFTを取り扱っており、NFTマーケットプレイスとしてはユーザー数も取引高も世界最大規模です。ただし、DeFiと同様に対応するウォレットを自分たちで用意してアクセスする必要があるため、まずは国内の暗号資産取引所が提供するものを利用することをおすすめします。

NFTを購入する際はイーサリアム建てとなることが多くあります。これは、イーサリアム上に記録されているNFT情報を書き換えるためです。

また、イーサリアム上で取引が発生することになるので、少額の手数料がかかります。

日本国内では、暗号資産取引所で日本円やクレジットカードでNFTを購入できるサービスを提供するところもあります。まずは国内のサービスを利用してNFT取引を始めるほうが安心でしょう。

🔷 NFT が抱える問題点

NFTは暗号資産と違って法的な解釈がはっきりしておらず、その定義については、どの国も曖昧なままとなっています。税制についても明確なルールはありません。

また、NFTの移転と権利の移転が一体になっていないという問題もあります。NFTに著作権などが絡む場合には、NFTの所有者が別の人に移っても著作権上の所有者は変わらないという事態が起きてしまいます。

最近ではNFTの保有者にすべての権利が帰属すると規約に記載するところもあり、この問題が解決されることによって、NFTで取引できるものも増えていくでしょう。

🔷 NFT の二次流通の魅力

NFTは「ロイヤリティ」という売買金額の一部を制作元に収益還元する仕組みが備わっています。

通常、アーティストの作品が市場で販売される時は一次販売の代金だけがアーティストに入ります。その後、コレクター同士の売買によって作品が二次流通しても、取引の場を提供する事業者に手数料が入るだけで、元のアーティストには1円もお金が還元されませんでした。

このような問題をNFTのロイヤリティは解決することができます。

たとえば、あるNFTの制作者がいて、ロイヤリティを5%に設定した場合、二次流通市場にて100万円で取引された時には制作元に5万円の収益が還元されます。

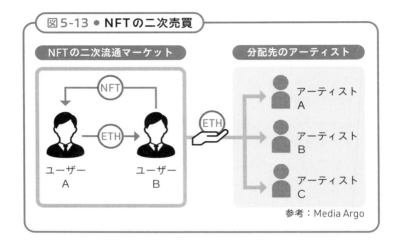

図5-13 ● NFTの二次売買

NFTの二次流通マーケット

分配先のアーティスト

NFT

ETH

ユーザー
A

ユーザー
B

ETH

アーティスト
A

アーティスト
B

アーティスト
C

参考：Media Argo

つまり、**NFTは二次流通するほど制作者に価値が還元される仕組みになっています。**

NFTを購入する側にとっては、取引手数料に加えてロイヤリティも上乗せされるため金額が割高に思えるかもしれません。

ロイヤリティを高めに設定しているNFTコレクションもあるので、購入前に確認するようにしましょう。

ただし、ロイヤリティはファンが好きなアーティストを支援できる限られた手段として考えることもできます。だからこそ、繰り返しにはなりますが、自分の好きな作品や希望する体験をNFTとして購入するということが大事になります。

NFTはアートと似て目利きが難しいです。アーティストが有名だから、有名人が購入したから、SNSで話題になったからなどの不確定な理由で値上がりすることがあります。

NFTを投資目的で購入するというのも大事ですが、NFTを購

入する際には単なる値上がりの期待だけではなく、保有すること
で得られる体験価値は何なのかということを考慮すると良いでし
ょう。

　大好きなキャラクターのNFTであれば特別な用途がなくても
持っているだけで満足するでしょうし、NFTを持つことで限定
イベントに参加できるなどの特典が得られることもあります。

　自分の気に入った作品や得たい体験を、許せる金額で購入して
みることが、NFTの世界に入る第一歩でしょう。

10 ゲームして稼ぐことが できる「GameFi」

◈ ゲームでお金を稼ぐ時代に

暗号資産やNFTがゲームに組み込まれることによって、プレイしてお金を稼ぐことができるゲームが「Play to Earn（P2E）」というモデルとして生まれました。

NFTゲームやブロックチェーンゲーム、DAppsゲームなどと呼ばれることもありますが、これらは総じて「Play to Earn モデル」を採用していることがほとんどです。

「Play to Earn モデル」はゲームでありながら金融的な要素を備えており、これらを総称してGameFi（Game×Finance）といいます。

GameFiの最大の特徴としては、ゲーム内の活動を通じてゲーム内通貨（暗号資産）やアイテム（NFT）を資産として蓄積し、それらを市場で売買できることです。

従来のゲームにもゲーム内通貨やアイテムという概念は存在していました。しかしそれらは、基本的にゲーム内でしか利用することができず、現実の資産としてゲーム外に持ち出すことはできません。

たとえば、人気ゲームの「ドラゴンクエスト」の中にもゴールド（お金）と剣や盾などのアイテムが存在していますが、これらはゲーム内でしか役割を持たず、セーブデータが消えるとすべてが失われてしまいます。しかし、GameFiであれば、ゴールドとアイテムがブロックチェーン上でそれぞれ暗号資産とNFTとし

て発行されるため、ゲーム外でも資産として売買することができます。

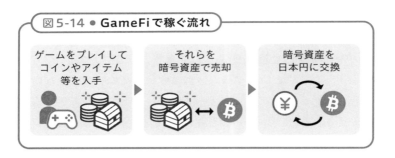

図5-14 ● GameFiで稼ぐ流れ

ゲームをプレイして
コインやアイテム
等を入手

それらを
暗号資産で売却

暗号資産を
日本円に交換

🔷 GameFiの代表的な3つのゲーム

GameFiの代表的な作品を3つ紹介しましょう。

① CryptoKitties（クリプトキティーズ）

クリプトキティーズは2017年に大人気となった元祖GameFiとも呼べるNFTゲームです。NFTとして発行される猫のようなキャラクターを集めて、それらを交配することでレアリティの高い猫を育てていくという単純なゲームですが、当時はNFTの目新しさもあってイーサリアム界隈で話題となりました。高いものだと約2000万円で取引されています。

② Axie Infinity（アクシーインフィニティ）

アクシーインフィニティは2021年のNFTブームで最も注目されたGameFiプロジェクトです。Axieというかわいいモンスターを交配、収集、強化して戦わせるというポケモン風のゲームと

なっています。

　ゲームをプレイすることで、Smooth Love Potion（スムーズ ラブポーション：SLP）という暗号資産を報酬として得ることが できます。

　SLPはモンスターの強化など、ゲーム内ではもちろんのこと、 他の暗号資産と交換することもできます。また、Axie Infinity Shards（AXS）というゲーム運営に関われる株式のような暗号 資産も発行しており、ユーザーはSLPとAXS、そしてゲーム内 で発行される様々なNFTの売買によってお金を稼ぐことができ ます。

③ STEPN（ステップン）

　ステップンはNFTスニーカーを購入して、現実でランニング やウォーキングをすることで、Green Satoshi Token（GST）を 報酬として稼ぐことができるゲームです。

　GSTはスニーカーをレベルアップして報酬獲得率や耐久性を 上げることなどに使えます。

　ステップンは運動することで稼ぐことができるため、「Move to Earnモデル」と呼ばれます。ステップンの登場をきっかけに、 今では様々な「○○ to Earn（○○したら稼げる）」モデルが検 討・登場しています。

🔷 GameFiが抱える問題

　GameFiは、普及が進む一方で、次のような課題、問題の指摘 も出ています。

　今あるGameFiは、NFTキャラクターを成長させて簡単なア

184

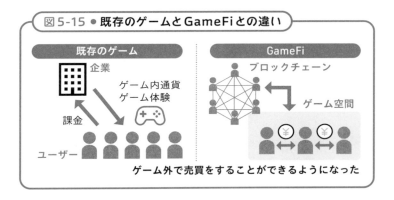

図5-15 ● 既存のゲームとGameFiとの違い

既存のゲーム

企業
ゲーム内通貨
ゲーム体験
課金
ユーザー

GameFi

ブロックチェーン
ゲーム空間

ゲーム外で売買をすることができるようになった

クションで戦わせるという、至ってシンプルなゲーム性になっています。高度なグラフィックやストーリーを再現したものはまだ世に出ておらず、ゲームとしては面白みに欠けるという声が出ています。

ゲームで遊ぶには、暗号資産やNFTを管理する専用のウォレットが必要になるため、遊ぶまでのハードルが高いことも指摘されています。

また、一部のゲーマーやゲーム開発者からはPlay to Earnモデルに対して反対の声も挙がっています。ゲームにお金儲けの要素を入れてしまうと、本来のゲームの面白さが損なわれてしまうという考えからです。

ゲーマー目線でお金を稼げるということは、お金を失うリスクもあることから抵抗を覚える人も少なくなく、GameFiが一般に人気を得るにはまだ時間がかかりそうです。

しかし、投資の観点でGameFiが人を惹きつけているのは事実です。

マーケットの状況にもよりますが、ゲームによっては1日で数千円から数万円を稼げるものもあります。ゲーム内通貨（暗号資産）とアイテム（NFT）だけではなく、GameFiプロジェクトが発行する暗号資産の値上がり益も考慮すれば、期待できるリターンはさらに大きくなるでしょう。

　実需の面でもGameFiは可能性を秘めています。1日のプレイで稼げる金額がたかが数百円であっても、新興国の人にとっては大きな収入になります。現状の仕事より稼ぎが良いという人もいるかもしれません。実際にアクシーインフィニティでは東南アジア圏を中心に個人が新しく生計を立てる手段としても人気が集まりました。この動きはますます広がりを見せることでしょう。

　GameFiはゲーム性や使いやすさの面ではまだまだ課題も多くありますが、これまでのゲームの概念をくつがえす可能性を秘めています。
　今では既存のゲーム業界のプレイヤーもGameFiの研究や開発に乗り出しており、今後はゲームとしての面白さとPlay to Earnの要素が両立したGameFiが出てくるかもしれません。
　GameFiで遊ぶ時には投資的なリスクがあることを十分に理解し、投機目的にならないように気をつけましょう。

11 メタバースと暗号資産には密接な関係がある

⬡ メタバースは「もう一つの世界」

メタバースとは、オンラインで世界中の人がつながる三次元（3D）の仮想空間を指しています。「メタ（超）」と「ユニバース（世界）」を合わせた造語です。

自分の好きな容姿を投影した「アバター」と呼ばれる姿でメタバースに入り込み、そこではアバターを自分の分身として他の利用者と交流したりゲームを楽しんだりなどの活動ができます。

メタバースは、ここ数年で一気に認知が広まり、利用者数も伸びています。若いユーザーも多く、世界的に見てもますます成長していくと考えられています。

元祖メタバースと言われるのが「マインクラフト（Minecraft）」というゲームです。ブロックを設置して、冒険に行くゲームで、ゲーム内に自分の街を作ることもできます。

また、「フォートナイト（Fortnite）」も人気です。シューティングゲームなど3種類の異なるゲームモードを提供しているほか、コミュニケーションやエンターテインメントの場にもなっています。

BTSや米津玄師など人気のアーティストがアバター姿になって、メタバース音楽ライブを開催したことも世界的な話題となりました。

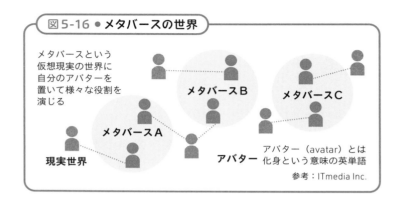

図5-16 ● メタバースの世界

メタバースという
仮想現実の世界に
自分のアバターを
置いて様々な役割を
演じる

メタバースB

メタバースC

メタバースA

現実世界

アバター

アバター（avatar）とは
化身という意味の英単語

参考：ITmedia Inc.

　コロナ禍、世界規模で人気を博したゲーム「あつまれ どうぶつの森」もメタバースの1つです。

　これからますます動きが出てくるメタバース。そのメタバースと暗号資産、NFTがどのように関わるのかについて知っておきましょう。

メタバース上で暗号資産やNFTを活用する

　近年、NFTや暗号資産を使うことが想定されたメタバースも出てきており、メタバース上で現実と同じように様々な経済活動ができるようになると期待されています。

　これまでのメタバースは、特定の企業が運営する閉ざされた仮想空間として存在していました。その中で流通する通貨や売買できるアイテムはあっても、それらを現実の資産として外に持ち出すことはできませんでした。アバターも企業が定めたルールの範囲でしかアレンジができず、同じ姿で別のメタバースに入ることもできませんでした。

　しかし、**現在考えられているメタバースでは、そこで流通する通貨が暗号資産として発行され、仮想空間上の土地や建物、アバター、アイテムなど、あらゆるものがNFTとして管理されます。**そのため、メタバース上での経済活動によって得たお金（暗号資産）やアイテム（NFT）を現実の資産として取り扱うことができます。

　また、同じアバター（NFT）で別のメタバースに入ることもできます。最近では、NFTコレクションがメタバースへの参入を見越して3Dアバターを展開する動きもあります。

　メタバースと暗号資産がこれからもどんどん変化していくことは間違いなく、暗号資産投資をするうえで目が離せません。

⬡ 注目されているメタバース×暗号資産のプロジェクト

　暗号資産・NFTを活用したメタバースをつくり出そうとしている、注目しておきたいプロジェクトを3つ紹介します。

　いずれも1つの世界に閉じたメタバースではなく、複数の世界が横断的につながるメタバース・プラットフォームを創造しようとしています。

① The Sandbox（ザ・サンドボックス）

　サンドボックスは、マインクラフトに似たメタバースプロジェクトです。「LAND」と呼ばれる仮想空間上の土地の上に、いろいろなゲームや空間がつくられています。独自の暗号資産SAND（サンド）が通貨として流通し、ユーザーはアバターとしてその空間の中で自由に遊ぶことができます。現状はまだ限られたエリアでしか遊ぶことはできませんが、デジタルコンテンツ会社であ

るスクウェア・エニックスをはじめ、国内外の有名企業が参入を表明しています。

② Decentraland（ディセントラランド）

ディセントラランドは、同じサンドボックスゲームでありながら世界観の自由度が比較的高いメタバースプロジェクトです。

LAND上にNFT美術館やカジノ場、カフェなどいろいろな建物がつくられています。暗号資産MANA（マナ）が通貨として流通し、ユーザーはアバターとしてそれらの場所で自由に遊ぶことができます。今、人が集まっているのはカジノや簡易ゲームのエリアが中心で、まだまだ開発途上ですが、JPモルガン・チェースやサムスンといったグローバル企業も参入を表明しています。

③ Otherside（アザーサイド）

アザーサイドは、高額NFTコレクションとして紹介したBAYC（176ページ参照）の運営元が開発を進めているメタバースプロジェクトです。

まだ一般に公開されていないため詳細は不明ですが、デジタルLANDがすでに販売されており、保有者はサンドボックスやディセントラランドと同様にLAND上に街や建物をつくることができる予定です。また、通貨としては同じ運営元が発行するAPE（エイプコイン）という暗号資産が使われることが予想されます。

メタバースは暗号資産とともに発展する可能性がある

昨今、時代の波に乗り遅れまいと、多くの企業がまずは仮想空間上の土地を押さえに動いています。メタバース内の不動産価値

は急激に上昇し、サンドボックスやディセントラランド、アザーサイドのLANDがNFTとして高額で取引されています。

　しかし現時点では、カジノのようなお金を稼げる場所がある程度で、これらのメタバースに参加する人もまだ多くはありません。

　メタ（前フェイスブック）がいろいろなメタバース関連のサービスを打ち出す中で、果たしてこのままサンドボックスやディセントラランドなどのように、メタバースに暗号資産やNFTを導入することが主流となるかはわかりません。

　実際、メタバースの将来性については、VRデバイスなど、メタバースで快適に過ごすための技術的な課題も残されており、世界中が今も探っている状況です。

　しかし、暗号資産やNFTがメタバースを現実に近い空間へと進化させるカギになる可能性は十分にあります。

　暗号資産・NFTの技術によって、まさに映画『レディ・プレイヤー1』（2018年にアメリカ合衆国で公開されたスティーヴン・スピルバーグ監督のSF映画）で描かれていたような生活をする場としてのメタバースが将来的に実現するかもしれません。

　メタバースについて知ることで、暗号資産・NFTは値上がり目的で売買するだけのものではないということがおわかりいただけたのではないでしょうか。

　暗号資産・NFTは、メタバースを成り立たせる技術としても注目されています。そのことを理解したうえで中長期な視点に立って投資を行うことが重要です。

12 分散型組織「DAO」と「ガバナンストークン」

🔷 世界中の人々が協力して管理・運営されるDAO

暗号資産では、分散型自律組織あるいは「DAO」と呼ばれる組織が提唱されています。インターネットが接続できる環境さえあれば、誰でも簡単に設立することができるのが特徴です。

DAO（Decentralized Autonomous Organization）とは、特定の所有者や管理者が存在せずとも、事業やプロジェクトを推進できる組織を指す言葉で、ブロックチェーン上で世界中の人々が協力して管理・運営される仕組みです。

株式会社をはじめとする従来の組織とは根本的に異なっており、中央集権的な組織が抱える問題を解決できる在り方として期待され、注目されています。

いったいどのような組織形態なのか、既存の株式会社の在り方と比較しながら見ていきましょう。

🔷 分散的なDAOと中央集権的な株式会社

図5-17は、既存の株式会社の特徴とDAOの特徴を比較したものです。

株式会社は組織に対する権利を株式という形で発行します。

一方、DAOは「ガバナンストークン」という暗号資産を組織の運営に関する投票権として発行します。

図 5-17 ● 株式会社とDAOの違い

既存の株式会社		DAO（分散型自律組織）

中央集権でトップダウン	組織と意思決定	非中央集権で合議制
基本的に非公開	情報の透明性	パーミッションレス（許可なし）で公開
限定された社員	働く人	誰でも参加可能
現金の給与	報酬	ブロックチェーンのトークン

DAOは「合議制」で意思決定をする。また、パーミッションレス（管理者の許可なし）で情報を参照でき、希望者は誰でも事業に参加できるといった特徴がある。

出典：日経ビジネス電子版　2022年6月20日掲載
https://business.nikkei.com/atcl/gen/19/00466/061500001/

　ガバナンストークンは、条件を満たしている取引所から購入できます。保有することでDAOの運営に関わることが可能です。

　株式会社の場合、大株主や役員ら一部の関係者が中央集権的に組織の方針を決定します。

　DAOの場合は、トークン保有者であれば誰でも投票に参加することができます。より多くのトークンを持つ人が権力を握るという点では株式と同じですが、DAOでは参加の公平性が保たれています。

　また、トークン保有者が自ら運営に関する改善案を提案することができます。

　最近、「アクティビスト」というモノ言う株主の存在が大きくなっていますが、基本的には株主が自由に何かを提案することは

ありません。DAOではトークン保有者が運営の一部となって組織をより良くしていくことができます。

　運営の透明性についても、DAOは株式会社と比べてオープンになっています。

　株式会社の場合、上場会社であれば一定の情報開示制度がありますが、その決定プロセスや細かな議題については外に知られることがありません。

　しかし、DAOの場合にはすべての議題と結果が公式サイトなどで一般に公開されます。それだけではなく投票結果がブロックチェーン上に改ざんできない状態で記録されます。

　組織の参加者との関係も大きく異なります。

　株式会社では従業員と契約書を交わしたうえで決められた給与が法定通貨で支払われます。従業員は自由に組織を移ったり、報酬を変えたりすることはできません。

　DAOでは、契約内容や報酬ルールがスマートコントラクトに書かれており、給与も組織に貢献した分がトークンで直接支払われます。トークン保有者は、トークンの売買によってDAOを自由に移ることも、複数のDAOに所属することもできます。

🔷 DAOの現状とこれから

　DAOは、同じ目的を持った人たちがガバナンストークンを軸に集まるオープンな組織といえます。

　組織に貢献すればするほどトークンがもらえ、組織が成長するほどトークンの価値も上がるため、皆で組織を良くしようというインセンティブが働きます。

　DAOは新しい組織の形として理想の仕組みとされているものの、現状はDAppsをはじめとする暗号資産関連プロジェクトがDAOへの移行を徐々に進めている段階にあります。完全にDAO化しているものは、現時点でほとんどありません。

　DAOに対する規制も議論されていますが、参加者同士がインターネット上でグローバルにつながるため、組織としてどの国に属するかの判断が難しく、各国の金融当局では拠点が定かではないDAOをどのように取り締まるべきかが問題となっています。

　社会的にまだ認知が乏しいこともあり、DAOが一般的になるには、法的な枠組みを整えるなど、準備と時間が必要でしょう。

　しかし、自分が関わりたいと思った暗号資産関連プロジェクトが見つかった時には、そこが提供するサービスを使ってみたり、SNSを通じてコミュニティに参加してみてください。

　初期段階においてはコミュニティのメンバーに対してガバナンストークンが配布されることが多いため、思わぬ形で利益が得られることがあります。

　自らDAOに参加する中で、既存の会社によらない働き方、お金の稼ぎ方が少しずつ見えてくるでしょう。

　近い将来、DAOによって個人が特定の企業に縛られることなく、複数の好きな組織に所属しながら柔軟に仕事ができるような世界が訪れるかもしれません。

＊＊＊

　本章では、暗号資産投資のこれからについてお話ししてきました。

　たくさんの種類、投資の仕方があって驚くとともに、面白いと思ったのではないでしょうか？

　これからも、暗号資産の在り方はどんどん改良され、新しい種類も出てきます。

　市場で単に売買するものとして捉えるのではなく、その技術が活用される領域にまで目を向けるとデジタル経済圏としての世界が少しずつ見えてきます。

　今後はステーブルコインやセキュリティトークン、NFTなどの形で、現実にあるあらゆる価値がブロックチェーン上に乗っかるでしょう。また、それらを利用して取引する場としてDeFiやGameFi、メタバースなど、いろいろなサービスがつくられていくでしょう。

　このようなデジタル経済圏の発展とともに、暗号資産は金融アセットとしての価値を高めていくことが考えられます。

　まずは本書で気になった暗号資産投資を少し試してみて、そのうえで世の中の動きや暗号資産の改良の状況を見ながら、また興味を持てるものが出てきたら少し試してみることで、ご自身にとって相性の良い暗号資産投資と出会えるはずです。

　臆することなく、少しずつで良いので始めてみてください。

おわりに

　この本では、導入となる Chapter 0 から 5 までの全 6 部構成で、暗号資産の基本的な内容から今後の発展についてまで取り上げ、お話ししてきました。
　簡単に振り返ってみましょう。

　Chapter 0 では、お金の歴史を振り返るとともに、暗号資産はお金のデジタル化の流れの中で誕生した「新しいお金」であるというお話をしました。また、お金の投資先として暗号資産が注目されていること、暗号資産の基本的な知識を身につけたうえで投資する必要があることをお伝えしました。

　Chapter 1 では、暗号資産の成り立ちや特徴について具体的に解説しました。暗号資産が国や企業に管理されないデジタルマネーであること、インターネットや暗号資産ならではのリスクを抱えていることについて言及しました。

　Chapter 2 では、暗号資産の取引に必要な知識として、暗号資産を管理するためのウォレットや暗号資産取引所の口座開設から取引開始までの流れを紹介しました。暗号資産の取引は、基本的には銀行や証券会社における資産の取引に似ている部分も多く、一般にも馴染みやすいことをお話ししてい

ます。

　Chapter 3では、暗号資産を売買する際に発生する税金の
計算方法について、いくつかのケースに分けて具体例を交え
ながら説明しました。国税庁のガイドラインに沿ってお話し
していますが、様々なケースがあるため、わからない時は専
門の税理士に相談することをおすすめします。

　Chapter 4では、いざ暗号資産投資を始める際に、押さえ
ておくべき暗号資産の値動きの特徴について述べました。中
でも、ビットコインは金融危機などの有事の逃避資産やイン
フレヘッジとしても注目されており、新興国における資産と
しての需要も高まっています。

　Chapter 5では、暗号資産投資のこれからをテーマとし、
DeFiやNFT、DAOなどといった、様々な暗号資産の種類と
基本的な仕組みについてご紹介しました。暗号資産は単に市
場で売買されるものではなく、デジタル経済圏としてさらに
拡大する可能性を秘めています。興味のあるものから、まず
は知っていくといいでしょう。

　暗号資産投資を行ううえで必要な知識を体系的に学ぶこと
ができる入門書となっています。
　最後まで読み終えると、これまで投機的なものにしか見え

なかった暗号資産が、これから発展するであろうデジタル資産として捉えることができるのではないでしょうか。

　そうは言っても、暗号資産は資産クラスとしてまだ発展途上であるのは確かです。実際に暗号資産投資を始めてみると、新しい出来事が次から次へと起こるでしょう。
　その時にも目の前の大きな値動きに惑わされず、この本で学んだように、正しい知識をもとに暗号資産の将来性を判断することが重要です。

　本書がより多くの人にとって暗号資産投資を始めるための後押しになれば幸いです。
　日ごろからメディアやセミナーで暗号資産に関連する情報も発信しておりますので、また別の機会でもお会いできることを楽しみにしております。

マネックス証券
マネックス・ユニバーシティ
暗号資産アナリスト

松嶋 真倫

著者紹介

松嶋真倫（まつしま・まさみち）

マネックス証券 マネックス・ユニバーシティ 暗号資産アナリスト

大阪大学経済学部卒業。都市銀行退職後に暗号資産関連スタートアップの立ち上げメンバーとして業界調査や相場分析に従事。マネックスクリプトバンク株式会社では業界調査レポート「中国におけるブロックチェーン動向（2020）」や「Blockchain Data Book 2020」などを執筆し、現在はweb3ニュースレターや調査レポート「MCB RESEARCH」などを統括。国内メディアへの寄稿も多数。2021年3月より現職。本書が初の著書。

●マネックス証券

マネックスグループに属するオンライン証券会社です。「未来の金融を創造する」ことを企業理念として掲げ、創業以来「一歩先の未来の金融」を創るべく、お客様の運用リターンの最大化に寄与する付加価値を重視し、ユニークな商品・サービスを多数提供しています。さらに金融教育にも力を注ぎ、様々な情報をタイムリーに発信するなどして、個人投資家の投資活動のサポートをしてきました。総合オンライン証券として個人投資家へ世界最高水準の金融サービスを提供することを目指しています。

暗号資産をやさしく教えてくれる本　　　〈検印省略〉

2023年 12 月 31 日　第 1 刷発行

著　者——松嶋 真倫（まつしま・まさみち）

発行者——田賀井 弘毅

発行所——株式会社あさ出版

〒171-0022　東京都豊島区南池袋 2-9-9 第一池袋ホワイトビル 6F

電　話　03 (3983) 3225 (販売)

　　　　03 (3983) 3227 (編集)

F A X　03 (3983) 3226

U R L　http://www.asa21.com/

E-mail　info@asa21.com

印刷・製本　萩原印刷 (株)

note　　　http://note.com/asapublishing/

facebook　http://www.facebook.com/asapublishing

twitter　　http://twitter.com/asapublishing